A Library of Academics by PHD Supervisors

博士生导师学术文库

书理学引论

叶 鹰 著

中国书籍出版社
China Book Press

图书在版编目（CIP）数据

书理学引论/叶鹰著．—北京：中国书籍出版社，
2018.11
ISBN 978－7－5068－7078－8

Ⅰ.①书…　Ⅱ.①叶…　Ⅲ.①图书—研究　Ⅳ.
①G256.1

中国版本图书馆 CIP 数据核字（2018）第 249125 号

书理学引论

叶　鹰　著

责任编辑　李　新
责任印制　孙马飞　马　芝
封面设计　中联华文
出版发行　中国书籍出版社
地　　址　北京市丰台区三路居路 97 号（邮编：100073）
电　　话　（010）52257143（总编室）　（010）52257140（发行部）
电子邮箱　eo@ chinabp. com. cn
经　　销　全国新华书店
印　　刷　三河市华东印刷有限公司
开　　本　710 毫米×1000 毫米　1/16
字　　数　205 千字
印　　张　13
版　　次　2019 年 1 月第 1 版　2019 年 1 月第 1 次印刷
书　　号　ISBN 978－7－5068－7078－8
定　　价　68.00 元

The theory of books is noble.

——*from R. W. Emerson*（**1803 －1882**）:*American Scholar*

书籍的理论是高尚的。

——引自爱默生（**1803 －1882**）:《美国学者》

前　言

在人类知识体系中，我们已经拥有了物理学、心理学、生理学、病理学、药理学、地理学等探究相应事物根本道理或机理的学理，本专著所要开创的知识领域是有关书籍及其形式和内容的道理或机理，故名书理学。

人类文明积累的重要特征之一是用书籍记载并传承知识与文化，而书籍集中存放于图书馆。书籍和图书馆作为人类文明的独特文化现象堪称奇迹——从东方的古代藏书楼到西方的现代图书馆，从个人纸本藏书到数字书刊，无不表现文明特征。面对浩瀚书海，谁不惊叹人类文明之伟大！徜徉在明媚洁净的图书馆，应该感到心灵的震撼！而伴随书籍和图书馆事业的发展，理论研究必须深入，这就需要有关于书籍和图书馆的基础理论来解释书籍和图书馆现象并阐明其运行机理，也就是要阐明书籍的原理或书籍的道理，即书理。

“书籍是人类进步的阶梯”，“图书馆就像是天堂”，我们有许多赞美书籍和图书馆的话语，但面对茫茫书海和蓬勃发展的图书馆事业，迄今却没有公认的理论进行完美解释和完善研究。作为研究书籍及其管理学问的图书馆学在丰富多彩的书籍现象和图书馆发展事实面前显得苍白无力。

首先，面对古今中外书籍现象和图书馆现象，目前缺乏逻辑自恰的完整解释理论。

其次，传统纸质图书馆和当代数字图书馆的整合发展需要理论指导，而理论举步维艰。

第三，当代图书情报学发展面临如何采用主流科学方法和话语系统与学术界进行对话和交流，这对理论发展提出了科学化要求。

因此，实践呼唤书籍研究的基础理论，图书馆事业需要理论指导，而图书馆学基础理论的建立和发展应当采用主流科学方法，于是科学化图书馆学应运而生，这就是以抽象和分析为方法特征的科学化学理——书理学。

本书记录作者二十年独立思考的主要线索：在客观书籍基础上，通过抽象分析建立书理学理论核心及体系结构，从形式深入内容，再经类比物理、心理等其他学理，对书理及其应用进行阐释，期望能实现把数学分析引进图书馆学而获得将数学分析引进经济学一样的意义和效果。

目　录
CONTENTS

上篇

01

书理学基础

第一章　书籍基础

人类文明发展的一个重要特征是前人把已有的知识和文化记录在书籍中流传给后人，后人能通过阅读学习获得知识和文化，这无论在本质还是形式上都推动着文明发展进步，所以说“书籍是人类进步的阶梯”（高尔基名言）。

学生通过读书习得知识，学者通过阅览精进学问，书籍在人类社会中的作用无物替代。这里，用书籍代称古今中外各种文献（载体化的信息），而用典籍简称经典文献，于是书籍就是承载和传承人类知识与文化的客观基础，而典籍则是其中精品。

人类书籍浩渺壮阔。新旧文明，在这里汇聚；世代历史，在这里沉淀。其中有人类思想的积累成就，也有人类智慧的辉煌记录。然而，并非每册书籍都有等同的价值，有的光耀真理，有的却废话连篇；有的永垂不朽，有的仅昙花一现。因此，真正能代表人类知识与文化的重要文献是那些具有真知灼见、历久弥新的经典文献即典籍，以及当今数字文献中的重要期刊论文、关键专利、技术标准以及部分会议文献、学位论文、政府出版物、重要档案等，它们的形式和内容奠定了后述书理学的基础，故选取作为开端。

1.1　经典文献

不同的学科分支具有不同的特点，经典文献在其学术文献系统中的功能也各有不同:从人文学科、社会科学到科学技术,专著的学术价值逐步降低而期刊论文等的学术价值逐渐提升,信息载体形态和传媒方式也越来越多样化,因而形成丰富多彩的书籍或文献[1-9]。

对于人文学科而言,现代学术文献系统中最重要的文献类型应是学术专著和学位论文,其中经典著作在人文学科中永远处于学术文献系统的核心地位,因此,以经典著作为基础扩展衔接到现代学术专著,就构成了人文学科核心学术文献。

对于社会科学而言,现代学术文献系统中最重要的文献类型除学术专著外,还有期刊论文,学术专著和核心期刊论文在社会科学中具有几乎同等重要的学术价值,因此,将学术专著与核心期刊相结合,就能体现社会科学核心学术文献。

对于科学技术而言,现代学术文献系统中最重要的文献类型当属期刊论文和关键专利,技术标准、科技报告、会议论文等特种文献在科学技术中的信息价值也迅速提升到重要地位,学术专著在半生期短、时效性强的科技领域中已经淡出主流,因此,核心期刊和特种文献成为科技学术文献主体。

总体概况如下:

学科:　　　人文学科　　　社会科学　　　科学技术

专著重要性:────────────────→降低

期刊重要性:────────────────→增加

文献多样性:────────────────→增多

在此思想基点上,以专科史研究结论为基础[11-121],以工具书中有关资料[122-126]作补充,结合原著鉴定并辅之以下列选择原则可确定代表人类知识与文化的经典文献(典籍):

1)世界上各地区、各民族的知识和文化都是人类知识和文化的组成部分,但由于存在“科学技术中心”这一客观事实,所以代表人类知识的文献可以集中于若干国家和地区;而由于各地区、各民族的传统文化各异,因而代表人类文化的文献在语种和国别分布上广泛。但代表人类知识与文化的文献难以将所有各民族重要文献包罗无遗,故侧重选取汉语、英语、法语、德语、西班牙语、俄语、日语、阿拉伯语等使用人口较多的文字所记载的精华文献。

2)按照文献分为原始文献(一次文献)、检索文献(二次文献)和集成文献(三次文献)的观点,因检索文献是原始文献与集成文献的摘要重复,故可暂不考虑检索文献而只分析原始文献和集成文献。原始文献是人类知识与文化的直接记录和基础，其中经典文献即构成代表人类知识与文化的文献之主体；集成文献是人类知识与文化的浓缩和汇集，在代表人类知识与文化的文献体系中也具有重要一席。

3）各学科文献在性质上有所差异，基础科学的代表作过去多为学术专著，而今正向期刊论文转化；医药科学代表作基本上是以国家级总结性学术专著形式存在；农林牧渔科学代表作大体应优先考虑政府出版物；自从实行专利制度后，技术发明绝大多数都首先以专利文献问世，因而工程技术代表作不少位于专利文献中。此外，生物学中的动植物志与生物学著作、历史学中的史料与史著、经济学中的数据统计资料与论著、法律中的法律条文与法学专著、政治中的文件档案与政治学著作以及文学艺术中的作品与论著等差异明显：自然科学和社会科学中的代表作主要应是论著，而艺术和人文科学正相反、其代表作主要应是作品。

4）文献汇集既增大了信息容量，也使冗余度即噪音文献大增，例如：

《论语》《四书集注》→《诸子集成》→《万有文库》

信息容量和冗余度（噪音文献）递增

因此不宜以文献汇编本或某某全集作为代表作选择对象，而应以基本文献单位（如书著种、论文篇等）为评定目标，故以下选评尽量离析到基本文献单位，使之不能再分解（再分将破坏原作完整性和思想体系）为止。但也有极少量优秀选编本例外。

5）人类文献中既有精华、也有糟粕，对珍品文献，尽量收全；对糟粕文献，在顾及文献思想体系完整性的考虑下的酌情选入，由于人类文化本身千奇百怪，所以反映人类文化的文献具有优劣混杂、石玉相间的性质不足为奇。此外，这里所选以面向学术为主，评选出代表人类知识与文化的各学科经典文献体系如下（文献按笔者所编简易组配分类表[10]的学科表排列，同类中以年代先后为序，社科部分为使东西方学术自成体系的实际状况得到体现采取了东西方文献按时序分列。格式为：［国别（朝代）］作者（译名，生卒年）：文献名（译名），初版年或写作年（语种代码）<选中说明>。年代前的 c. 表大约，年代后的 BC 表公元前。《 》中的文献名为书著或单行本，“　”中为篇名或短篇文献名，“　”后接刊名及卷（期）：起讫页的为期刊论文。语种代码如下：A—阿拉伯语；C—汉语；D—德语；E—英语；F—法语；G—希腊语；I—意大利语；J—日语；L—拉丁语；M—孟加拉语；P—俄语；S—西班牙语；V—梵语；X—希伯来语；Y— 印地语；Cz—捷克语；Dz—丹麦语；Fn—芬兰语；Hu—匈牙利语；No—挪威语；Po—波兰语；Pu—葡萄牙语；Sd—瑞典语。图像文献仅列出汉译名。音乐文献既指乐谱，也指唱片或录音带。不少艺术文献本身即是珍宝或文物，此处是指所含信息内容代表人类知识与文化。在选中说明中，根据不同情况，分别用“代表……”“奠定……”“确立……”“创立……”等强度不等的词句大致标示文献在人类知识与文化中的地位和价值。标有＊的是最重要的文献，其中一些是人类文献中永垂不朽的珍品，另一些则是形成人类最主要思想的经典）。

01 信息论，信息工程

［美］Shannon，C，E.（申农，1916 – ）“A mathematicl theory of communication”（“通讯的数学理论”），The Bell System Technical Journal，27（3&4）：379 – 423；623 – 656，1948（E）<奠定信息论>

02 控制论，控制工程

［美］Wiener，N.（维纳，1894 – 1964）：《Cybernetics，or control and communication in the animal and the machine》（《控制论》），1948（E）<奠定控制论>

03 系统论，系统工程

［美］Bertalanffy，L.（贝塔朗非，1901 – 1971）：《General System Theory：foundation，development and application》（《一般系统论：基础，发展和应用》），1968（E）<确立系统论>

04 管理学，管理工程

［美］Taylor，F. W.（泰勒，1856 – 1915）：《The Principle of Scientific Management》（《科学管理原理》），1911（E）<确立管理科学>

［法］Fayol，H.（法约尔，1841 – 1925）：《Administration industrielle et générale》

(《工业管理与一般管理》),1916(F) <创立管理过程论,代表一般管理理论>

[美] Simon,H. A.(西蒙,1916 –):《The New Science of Management Decision》(《管理决策新科学》),1960(E) <代表现代管理理论>

07 科学学

[美] Bernal,J. D.(贝尔纳,1856 – 1915):《The Social Function of Science》(《科学的社会功能》),1939(E) <确立科学学>

09 宇宙文明研究

* [美] Sagan,C.(萨根,1934 –)et al.:"先驱者 10 号 – 11 号"上金属信息板,"旅行者 1 号 2,号"上"地球之音"声像片 <脱离人类社会进入宇宙太空从而代表人类文明>

11 数学

* [希] ΕυΚλειδηs(Euclid,欧几里德, c. 330BC – 275BC):《Στοιχεια》(《Element》,《几何原本》), c. 300BC(G) <创立初等几何逻辑体系,奠定几何学>

[中(汉)] 佚名:《九章算术》,50 – 100(C) <代表古代东方数学成就>

* [希] Πτολεμαιοs(Ptolemoeus,托勒密,c. 90 – 168):《Μεγαλησχαξιζ》(《Megale syntaxis》,《大综合论》), c. 150(G) <奠定三角学,其中地心说统治西方思想千余年>

[希] Διοφαυτοs(Diophautus,丢番图,246 – 330):《Αριθμητικη》(《Arithmetica》,《算术》), c. 300(G) <奠定代数学>

[意] Fibonacci(菲波那契,1175 – 1250):《Liber Abaci》(《算书》),1202(L) <沟通东西方数学研究>

[德] Müller,J.(缪勒,1436 – 1476):《De triangles omnimodis》(《论各种三角形》),1464(L);[法] Viète,F.(韦达,1540 – 1603):《Canon mathematicus seu ad triangular cum appendicibus》(《数学公式与三角法及附录》),1589(L) <完成平面三角学>

[意] Cardano,G.(卡尔丹,1501 – 1576):《Ars magna》(《大法》),1545(L);

［法］Viète, F.（韦达,1540 － 1603）:《In artem analyticam isagoge》(《分析术异论》),1591(L) <完成初等代数学>

［中(明)］程大位(1533 – c. 1600):《(直指)算法统宗》,1592(C) <完成珠算>

［英］Napler, J.（耐普尔,1550 – 1617）:《Mirifci logrithmorum canonis descriptio》(《关于对数的奇异规则之说明》),1614(L) <创立对数>

*［法］Descartes, R.（笛卡尔,1596 – 1650）:“La géométrie”,《Discours de la méthode》append. III（“几何学”,《方法论》附录三）,1637(F) <创立解析几何>

［英］Wallis, J.（华里斯, 1616 – 1703）:《Arithmetica infinitorum》(《无穷算术》),1656(L) <引入无穷小量,分指数和负指数>

*［德］Leibniz, G. W.（莱布尼兹,1646 – 1716）:“Nova methodus pro maximis et minimis, itemque tangentibus, …”(“求极大极小和切线的新方法,…”), Acta Eruditorum, 1684(L);［英］Newton, I.（牛顿,1642 – 1727）:《Tractatus de quatratura curvarum》(《曲线求积法》), 1704(L),《Methodus fluxionum》(《流数术》), 1736(L) <创立微积分>

［瑞士］Bernolli, Jacob（雅各布·伯努利,1654 – 1705）:“Solutio propria problematic isoperimetrici”(“等周问题实解”), Acta Eruditorum, 1700(L) <奠定变分法>

［英］Taylor, B.（泰勒,1685 – 1731）:《Methodus incrementorum directaet inversa》(《增量方法及其逆》),1715(L) <奠定有限差分方法,引入幂级数>

［英］De Moivre, A.（棣美弗,1667 – 1754）:《Miscellanea analytica de seriebus et quadraturis》(《关于级数和求积的综合分析》),1730(L) <确立排列组合理论,提出循环级数学说和正态分布曲线,导出$(\cos\theta + i\sin\theta)n = \cos n\theta + i\sin n\theta$>

*［瑞士］Euler, L.（欧拉,1707 – 1783）:《Introductio in analysia infinitorum》(《无穷分析引论》), 1748(L),《Institutiones calculi differentialis》(《微分学原理》),1755(L),《Institutiones calculi integralis》(《积分学原理》),1768 – 70(L) <推进微积分学,引入β函数和γ函数,发展有限差分理论和齐次函数理论,证明$e^{iz} = \cos z + i\sin z$>

［法］Lagrange, J. L.（拉格朗日,1736 – 1813）:《Théorie des functions analytiques》(《解析函数论》),1794(F) <奠定实变函数论>

［法］Legendre, A. M.（勒让得，1752 – 1833）：《Essai sur la théorie des nombres》（《数论研究》），1798（6. ed. 1830，F）；［德］Gauss, K. F.（高斯，1777 – 1855）：《Disquisitiones ariithmeticae》（《算术研究》），1801（L）<确立并推动数论>

［法］Monge, G.（蒙日，1746 – 1818）：《Géométrie descriptive》（《画法几何》），1798 – 99（F）<完成画法几何>

［法］Laplace, P. S.（拉普拉斯，1749 – 1827）：《Théorie analytiue des probabilités》（《分析概率论》），1812（F）<发展概率论，引入 Laplace 变换>

*［法］Cauchy, A. L.（柯西，1789 – 1857）：《Cours d ' analyse de L' École Royale Polytechnique》（《分析教程》），1821（F）<确立极限论和连续性理论，强调级数收敛性的必要并对级数作严谨论述>

［法］Fourier, J. B. J.（傅里叶，1768 – 1830）：《Théorie analytique de la chaleur》（《热的分析理论》），1822（F）<引入 Fourier 级数，奠定 Fourier 分析>

［法］Poncelet, J. V.（庞赛莱，1788 – 1867）：《Traité des propriétés projectives des figures》（《论几何图形的投影性质》），1822（F）<奠定微分几何>

*［德］Gauss, K. F.（高斯，1777 – 1855）：《Disquisitiones Generales circa superficies curvas》（《曲面的一般研究》），1827（L）<奠定微分几何>

［德］Jacobi, K. G. J.（雅可比，1804 – 1851）：《Fundamenta nova theoria functionum ellipticarum》（《椭圆函数新理论》），1929（L）<确立椭圆函数论>

［俄］Лобачевский, Н. И.（罗巴切夫斯基，1792 – 1856）："Оначалах геометрии"，（"论几何原理"），Казанский Вестник，1829 – 30（P）<创立双曲几何，奠定非欧几何>

*［德］Riemann, G. F. B.（黎曼，1826 – 1866）："Grundlagen für eine allgemeine Theorie der Funktionen einer Veränderlichen complexen Grösse"（"复变函数一般理论基础"），学位论文，1851（D）<奠定复变函数论>，"Über die Hypothesen, welche der Geometrie zu Grunde liegen"（"论几何学的基本假设"），就职演讲，1854（D）<创立椭圆几何，确立非欧几何学>

［英］Boole, G（布尔，1815 – 1864）：《An Investigation of the Laws of Thought》（《思维规律研究》），1854（E）<创立逻辑代数>

［爱尔兰］Hamilton, W. R.（哈密顿，1805 – 1865）：《Elements of Quaternions》

(《四元数原理》),1866(E) <创立四元数理论>

［德］Klein,F.(克莱因,1849－1925):《Vergleichende Betrachtung überneuere geometrische Forschungen》(《近代几何研究的比较评述》),1872(D) <用群的观点统一几何学>

［德］Dedekind, J. W. R.(戴德金,1831－1916):《Stetigkeit und irrationale Zahlen》(《连续与无理数》),1872(D) <奠定实数论>

［德］Cantor,G.(康托, 1845－1918):《Grundlagen einer allgemeinen Mannigfaltigkeitslahre》(《一般集合论基础》),1883(D),《Beiträ zur Begründung der transfiniten Mengenlehre》(《超限集合论》),1895－97(D) <创立集合论>

［德］Weierstrass, K.(魏尔斯特拉斯,1815－1897):《Abhandlungen aus der Functionenlehre》(《函数论论文集》),1886(D) <发展复变函数论>

*［德］Hilbert,D.(希尔伯特,1862－1943):《Grundlagen der Geometrie》(《几何学基础》),1899(D) <创立几何公理体系>,"Mathematische Probleme"("数学问题"),会议演讲,1900(D) <对数学发展产生重大影响>

［意］Ricci,C. G.(李奇,1853－1925)&T. Levi－Civita(勒维－奇维塔,1873－1941):"Methods of the Absolute Differential Calculcus and their Applications"("绝对微分法及其应用"),Math. Ann.,54:125－201,1901(E) <创立张量分析>

［法］Lebesgue, H.(勒贝格, 1875－1941):《Leçons sur l'integration et la recherché des functions primitives》(《积分与原函数研究》),1904(F);［波兰］Banach,S.(巴拿赫,1892－1945):《Théorie des operations linéares》(《线性算子理论》),1932(F) <代表泛函分析的兴起>

［德］Weyl,H.(魏尔, 1885－1955):《Die Idee der Riemannschen Flache》(《黎曼面的思想》),1913(D) <奠定复流形论>

［法］Cartan,E.(嘉当, 1869－1951):《Leçons sur la géométrie des espaces de Riemann》(《黎曼空间几何讲义》),1926(F),《La théorie des groupes finis et constinus et la géométrie différentielle traitées par la mèthode du repère mobile》(《有限群论,连续及动体标记的微分几何》),1937(F) <建立架标理论和一般联络理论>

［荷兰］Van der Waerden, B. L.(范德瓦尔登,1903－):《Moderne Algebra》(《现代代数学》),1930－31(D) <代表抽象代数的兴起>

［法］Bourbaki，N.（布尔巴基，团体）：《Elements de mathematique》（《数学原本》），1939（F）< 在结构的统一观点重建整个数学体系 >

［法/美］Mandelbrot，B. B.（曼德博，1924 – ）：《The Fractal Geometry of Nature》（《大自然的分形几何学》），1977（E）< 创立分形几何 >

12 物理学

［希］Αριστοτελης（Aristoteles，亚里士多德，384BC – 322BC）：《Φυσικη ακροασις》（《Physica Auscultatio》，《物理学》），c. 330BC（G）< 奠定物理学 >

［希］Αρχιμεδης（Archimedes，阿基米德，287 – 212BC）：《Περιοψουμευου》（《平衡论》），c. 220BC（G）< 确立静力学 >

［意］Galileo Galilei（伽利略，1564 – 1642）：《Discorsi e dimonstrazioni matematiche intorno à due nuoue scienze attenenti alla mecanica e movimenti locati》（《关于力学和位置运动两门新科学的谈话和数学证明》），1638（I）< 确立运动学 >

［荷兰］Huygens，C.（惠更斯，1629 – 1695）：《Horologium oscillatorium sive de motu pendulorum》（《摆钟论》），1673（L）< 完善运动学，承先启后 >，《Traité de la lumière》（《光论》），1690（F）< 提出光的波动学 >

*［英］Newton，I.（牛顿，1642 – 1727）：《Philosophiae neturalis principia mathematica》（《自然哲学的数学原理》），1687（L）< 创立经典力学理论体系，发现万有引力定律，确立经典力学 >，《Opticks》（《光学》），1704（L）< 提出光的微粒说 >

［瑞士］Bernoulli，Daniel（丹尼尔·伯努利，1700 – 1784）：《Hydrodynamica》（《流体动力学》），1738（L）< 确立流体动力学 >

［瑞士］Euler，L.（欧拉，1701 – 1783）：《Theoria motus coporum solidorum seu rigidorum》（《固体或刚体运动的理论》），1765（L）< 确立刚体力学 >

*［法］Lagrange，J. L.（拉格朗日，1736 – 1813）：《Mécanique analytique》（《分析力学》），1788（F）< 创立分析力学 >

［爱尔兰］Hamilton，W. R.（哈密顿，1805 – 1865）：《Theory of System of Rays》（《光线系统的理论》），1828（E），《On a General Merhode in Dynamics》（《论动力学的一般方法》），1834 – 35（E）< 完善分析力学 >

［英］Faraday，M.（法拉第，1791 – 1867）：《Experimental Researches in Electricity》(《电学实验研究》),1839(E) <发现电磁感应定律和电解定律>

[德] Helmholtz, H. L. F. (赫姆霍兹,1821 – 1894):《Über die Erhaltung der Kraft》(《论力的守恒》),1874(D) <代表能量守恒定律的确立>,《Handbuch der physiologischen Optik》(《生理光学手册》),1856 – 66(D) <勾通物理学和生理学>,《Die Lehre von den Tonempfindungen, als physiologischer Grundlage für die Theorie der Musik》(《作为音乐理论的生理学基础的声音感觉教程》),1862(D) <勾通物理学,生理学,心理学和音乐,代表科学的横向研究>

*[英] Maxwell, J. C. (麦克斯韦,1831 – 1879):《A Treatise on Electricity and Magnetism》(《电磁论》),1873(E) <创立电磁场论,确立电动力学>

[英] Rayleigh, J. W. S. (瑞利, 1842 – 1919):《Theory of Sound》(《声的理论》),1877 – 78(E) <代表声学成就>

[奥] Boltzmann, L. (波尔兹曼,1844 – 1906):《Vorlesungen über Gas Theorie》(《气体理论讲义》),1895 – 98(D) <奠定气体分子运动论>

[德] Planck, M. (普朗克,1858 – 1947): "Über das Gesetz der Energieverteilung in Normalspektrum"("论正常光谱的能量分布定律"),Annalen der Physik,4:553,1901(D) <奠定量子论>

[美] Gibbs, J. W. (吉布斯, 1839 – 1903):《Elementary Principle in Statistical Mechanics developed with especial reference to the rational foundation of thermodynamics》(《统计力学基本原理》):1902(E) <确立统计力学>

[法] Curie, Marie Sklodowska (玛丽·斯卡罗多娃斯卡·居里,1867 – 1934):《Recherches sur les substances radioactives》(《放射性物质研究》),1903(F) <发现 Po 和 Ra,奠定放射学>

*[德/瑞/美] Einstein, A. (爱因斯坦, 1879 – 1955): "Über einen die Erzeugung und Verwandlung das Lichtes betreffenden heurislischen Gesichtspunkt"("关于光的产生和转化的一个启发性观点"),Annalen der Physik,17:132 – 148,1905(D) <确定光电效应理论>, "Zur Electrodynamik bewegter Körper"("论动体的电动力学"),Annalen der Physik,17:891 – 921,1905 (D) <创立狭义相对论,变革人类的时空观>, "Die Grundlagen der allgemeinen Relativitätstheorie"("广义相对论基础"),Annalen der Physik,49:769 – 822,1916 (D,同年出有单行本) <创立广义相

对论,变革人类的物质观和宇宙观 >

［德］Weyl,H.（魏尔,1885 – 1955）:《Raum,Zeit,Materie》(《空间,时间,物质》),1918(D);［美］Einstein,A.（爱因斯坦,1879 – 1955）:“Relativistic theory of the non – symmetric field”(“非对称场的相对性理论”),The Meaning of Relativity（5. ed.）app. II,1955(E) <代表统一场论研究 >

［奥］Pauli,W.（泡利, 1900 – 1958）:《Relativitätstheorie》(《相对论》),1921（D, 1956 补注重印）<总结并评议相对论和统一场论 >

［法］De Broglie,L. V.（德布罗意, 1892 – 1987）:“Recherches sur la théorie des quanta”(“量子理论研究”),Annales de physique,3:22 – 128,1925(F) <确立物质波理论 >

［德］Heisenberg,W. K.（海森伯, 1901 – 1976）:“Über quantentheoretische Umdentung kinematischer und mechanischer Beziehungen”(“对运动学和力学关系的量子论的重新解释”),Zeitschrift für Physik,33:879,1925(D) <奠定矩阵力学 >,“Ü 阻挠窝出轨不潮湿 M(“论量子论的运动学和力学的直觉内容”),Zeitschrift für Physik,43:172,1927(D) <提出测不准原理 >

［奥］Schrödinger,E.（薛定谔, 1887 – 1961）:“Quantiserung als Eigenwertproblem”(“作为本征值问题的量子化”),Annalen der Physik,79:361,79:489,80:437,81:109,1926(D) <奠定波动力学 >

*［英］Dirac,P. A. M.（狄拉克,1902 – 1984）:“The quantum theory of electron”(“电子的量子理论”),Proceedings of the Royal Society of London,Series A,117（778）:610 – 624,1928(E) <确立量子电动力学 >,《The Principles of Quantum Mechanics》(《量子力学原理》),1930(E) <确立量子力学体系 >

13 化学

［英］Boyle,P.（波义耳, 1627 – 1691）:《The Sceptical Chymist》(《怀疑的化学家》),1661(E);［法］Lavoisier,A. L.（拉瓦锡, 1743 – 1794）:《Traitéélémentaire de chimie》(《化学概论》),1789(F) <奠定并确立化学 >

［法］Haüy,E. J.（哈宇, 1742 – 1822）:《Essai d' une théorie sur la structure des cristaux》(《关于结晶构造的理论》),1784(F) <奠定结晶学 >

［德］Richter,J. B.（李希特，1762 – 1807）:《Anfängsgründe der Stöchyometrie》（《化学计量学初步》）,1792 – 94（D）<确立当量定律>

［法］Berthollet,C. L.（贝尔托莱,1748 – 1822）:《Recherches sur les lois de L'affinité》（《亲合力规律研究》）,1801（F）<确立质量作用定律>

［英］Davy,H.（戴维，1778 – 1829）："On some new phenomena of chemical changes produced by electricity,…"（"论由电产生的化学变化的某些新现象，……"）,Philosophical Transaction,1 – 44,1808（E）<发现碱金属,奠定电化学>,《Elements of Chemical Philosophy》（《化学哲学原理》）,1812（E）<推进化学研究>

［英］Dalton,J.（道尔顿，1766 – 1844）:《New Systen of Chemical Philosophy》（《化学哲学的新体系》）,1808（E）<确立原子论,推出倍化定律,解释定比等经验定律>

［意］Avogadro,A.（阿佛伽德罗，1776 – 1856）："Essal d' une manière de determiner les masses des molecules élémentaires des corps,…"（"分子相对质量的测定方法,……"）,Journal de physique,73:58,1811（F）<确立分子论>

［瑞典］Berzelius,J. J.（柏采留斯,1779 – 1848）:《Lärbok I Kemien》（《化学教程》）,1808 – 18（Sd）<奠定分析化学和化学符号系统,指出同分异构现象>

［法］Chevreul,M. E.（谢福瑞，1786 – 1889）:《Recherches chimiques sur les cops gras d' origine animale》（《动物脂肪的化学研究》）,1823（F）,《Considérations générales sur l' analyse organique et sur ses applications》（《有机分析及其应用通论》）,1824（F）<工资收入者机化学的确立>

［德］Liebig,J.（李比希，1803 – 1873）:《Die organischen Chemie in ihrer Anwendung auf Agrikulturchemie und Physiologie》（《有机化学在农业化学和生理学中的应用》）,1840（D）<代表应用有机化学的兴起>

［意］Cannizzaro,S.（卡里查罗,1826 – 1910）:《Sunto di un corso di filosofia chimica》（《化学哲学教程概要》）,1858（I）<推进原子 – 分子论>

［德］Kekule,F. A.（凯库勒,1829 – 1896）："Über die Konstitution und die Metamorphosen der chemischen Verbindungen und über die chemische Natur des Kohlenstoffs（"论化合物的构造和变化及碳化学的本质"）,Annalen der Chemie und

Pharmacie,106:129,1858(D) <奠定有机物结构理论>

[德] Kirchhoff,G. R.(基尔霍夫,1824 - 1887)&Bunsen,R. W. E.(本生,1811 - 1899):《Chemische Analyse durch Spectralbetrachtung》(《光谱观察的化学分析》),1860(D) <奠定仪器分析化学>

[德] Meyer,J. L.(迈耶,1830 - 1895):《Modernen Theorie der Chemie》(《现代化学理论》),1864(D) <代表近代化学理论>

*[俄] Менделеев,Д. И.(门捷列夫, 1834 - 1907):《Основы химии》(《化学原理》),1869 - 71(P) <确立周期律和溶胶理论>

[荷兰] Van't Hoff,J. H.(范特荷夫, 1852 - 1911):《Études de dynamique chimique》(《化学动力学研究》),1884(F),《L' équilibre chimique dans les systémes gazeux ou dissous à l'état dilue》(《气体或稀溶液体系的化学平衡》),1886(F) <奠定物理化学>

[瑞典] Arrhenius,S.(阿仑尼乌斯, 1859 - 1927):"Über die Dissociation der im Wasser gelösten Stoffe"("论溶质在水中的离解"),Zeitschrift für physikalische Chemie,1:631,1887(D) <奠定电离理论和酸碱理论>

[瑞士] Werner,A.(维尔纳,1866 - 1919):《Neuere Anschauungen auf dem Gebiete der anorganischen Chemie》(《无机化学领域的新观点》),1905(D) <奠定络合物化学>

[美] lewis,G. N.(路易斯, 1875 - 1946):《Valence and Structure of Atoms and Molecules》(《原子与分子的价键及结构》),1923(E) <提出酸碱电子论和软硬酸碱>

[德] Staudinger,H.(施陶丁格,1881 - 1965):《Hochmelekularen organischen Chemie》(《高分子有机化学》),1932(D) <确立高分子化学>

*[美] Pauling,L.(鲍林,1901 -):《The Nature of the Chemical Bond and the Structure of Milecules and Crystals》(《化学键的本质》),1939(E) <代表现代化学键理论>

14 天体科学

[希] ‘Αριστοτελης(Aristoteles, 亚里士多德, 384BC - 322BC):《Περι

ουρανου》(《De caelo》,《论天》),c. 330BC(G);[中(唐)]瞿昙悉达(c. 720 前后):《开元占经》, 729(C) <代表古代天文学>

*[波兰] Copernicus, N.(哥白尼, 1473 – 1543):《De revolutionibus orbium coelestium》(《天体运行论》), 1543(L) <创立日心说, 确立近代天文学,变革人类知识和文化>

[德] Kepler, J.(开普勒,1571 – 1630);《Astronomia nova》(《新天文学》), 1609(L),《De harmonica mundi》(《宇宙和谐论》),1619(L) <发现行星运动三定律,推动天文学和物理学发展>

[意] Galileo Galilei(伽利略,1564 – 1642):《Dialogo sopra I due massimi sistemi del mondo, tolemaico e copernicanc》(《关于托勒密和哥白尼两大世界体系的对话》),1632(I) <宣传日心说,影响人类文化>

*[法] Laplace, P. S.(拉普拉斯, 1749 – 1827):《Exposition du système du monde》(《宇宙体系论》), 1796(F) <确立天体起源星云说>,《Traité de mécanique céleste》(《天体力学》),1799 – 1825(F) <创立天体力学>

[英] Herschel, F. W.(赫歇耳, 1738 – 1822):《On the Construction of the Heavens》(《论天空的构造》),1785(E) <确立银河系,奠定统计天文学和恒星天文学>

[德] Gauss, K. F.(高斯,1777 – 1855):《Theoria motus corporum coelestium in sectionibus conicis solem ambientium》(《天体按圆锥曲线绕日运动的理论》),1809(L) <确立三次观测确定行星或彗星轨道的方法>

[德] Bessl, F. W.(贝塞耳,1784 – 1846):《Fundamenta astronmicae》(《天文学原理》),1818(D) <奠定 19 世纪天文学研究>

[英] Herschel, J. F. W.(赫歇耳,1792 – 1871):《Outlines of Astronomy》(《天文学纲要》),1849(E) <代表 19 世纪天文学成就>

[德] Kirchhoff. G. R.(基尔霍夫, 1824 – 1887):《Untersuchungen über dae Sonnen – Spektrum und die Spektren chemischer Elemente》(《太阳光谱与化学元素光谱手工艺研究》),1861(D) <奠定天体物理学>

*[瑞士] Einstein, A.(爱因斯坦,1879 – 1955):"Kosmollgische Betrachtungen zur allgemeinen Relatvitätstheorie"("广义相对论的宇宙论"), Sitzungsberichte der

preussischen Akademie der Wissenschaften, I: 142 – 152, 1917(D) <代表科学宇宙学>

*[英] Eddington, A. S.(爱丁顿, 1882 – 1944):《The Internel Constitution of the Stars》(《恒星的内部结构》), 1926(E) <代表恒星物理学的确立>

15　地球科学

[希] Αριστοτελης (Aristoteles, 亚里士多德, 384BC – 322BC):《Μετεωρολογικα》(《Meteorologica》,《气象学》), c. 330BC(G); [中(北朝·魏)] 郦道元(469 – 527):《水经注》, c. 500(C) <代表古代地学>

[德] Werner, A. G.(维纳, 1749 – 1817):《Neuen Theorie von der Entslehung der Gaenge》(《岩脉生成新论》), 1791(D) <提出岩石演化水成论>

[英] Hutton, J.(赫顿, 1726 – 1797):《Theory of Earth》(《地球理论》), 1795(E) <提出岩石演化火成论>

[法] Cuvier, G. L. C.(居维叶, 1769 – 1832):《Discours sur les revolutions de surface du globeet sur les changements du' elles ont produits dans le règne animal》(《地球表面的革命与动物王国》), 1825(F) <提出突变(激变论)>

*[英] Lyell, C.(赖尔, 1797 – 1875):《Principles of Geology》(《地质学原理》), 1830(E) <提出均变(渐变)论, 奠定近现代地质科学>

[德] Humboldt, A.(洪堡德, 1769 – 1859):《Kosmos》(《宇宙》), 1845 – 62(D) <确立自然地理学>;

[德] Ritter, K.(李特尔, 1779 – 1859):《Die ErdKunde》(《地学》), 1822 – 59(D); [德] Ratzel, F.(拉采尔, 1844 – 1904):《Anthropogeographie》(《人类地理学》), 1882 – 92(D) <确立人文地理学>

[奥] Hann, J.(汉恩, 1839 – 1921):《Handbuch der Klimatologie》(《气候学手册》), 1883(D) <代表 19 世纪气象学成就>

[奥] Suess, E.(休斯, 1931 – 1914):《Das Antlitz der Erde》(《地球的面貌》), 1883 – 1909(D) <总结并推进现代地质学>

*[德] Wegener, A. L.(魏格纳, 1880 – 1930):《Die Entstehung der Kontinente und Ozeane》(《海陆的起源》), 1915(D) <创立大陆漂移说>

*［德］Köppen, W. P.（柯本,1846 – 1940）;《Grundriss der Klimakunde》(《气候学提要》),1931(D),《Das geographische System der Klimate》(《气候的地理学体系》),1936(D) <发展气象学,创立 Köppen 气候分类体系>

16 生物科学

［希］Αριστελης（Aristoteles,亚里士多德,384BC – 322BC):《Περι φυτωυ》(《De plantis》,《植物论》),《Περι ταζωα ιστοριαι》(《Historia animalium》,《动物志》),《Περι ζωωυ μοριωυ》(《De partibus animalium》,《动物构造论》),《Περι ζωωυ Πορειας》(《De incessu animalium》,《动物演化论》),《Περι ζωωυ κιυησεως》(《De motu animalium》,《动物运动论》),《Περι ζωωυ γευεσεως》《De generatione animalium》,《动物生殖论》),c. 330BC(G);［中(清)］吴其濬:《植物名实图考》,(C) <代表古代生物学>

［英］Hooke. R.（胡克,1635 – 1702):《Micrographia》(《显微图谱》),1665(L) <确立显微学,使人类知识向微观扩展>

*［瑞典］Linné, C.（林耐, 1707 – 1778):《Systema naturae》(《自然系统》),1733(L,10 ed. 1758) <确立物种命名双名法,奠定生物分类学>

［法］Buffon, G. L. L.（布丰, 1707 – 1788):《Histoire naturelle générale et particulière》(《自然史》),1749 – 1804(F) <代表博物学成就>

［法］Cuvier, G. L. C.（居维叶,1769 – 1832):《Recherches sur ies ossemente fossils des quadrupèdes》(《四足动物骨化石研究》),1812(F) <奠定古生物学>

［法］Lamarck, J. B. P.（拉马克,1744 – 1829):《Philosophie zoologique》(《动物哲学》),1809(F) <提出获得性遗传论和用进废退,渐变进化论>

［德］Baer, K. E.（贝尔, 1792 – 1876):《Über Entwickelungsgeschichte der Tiere》(《动物发生论》),1828 – 37(D) <确立胚层理论,创立生物发生律,发现卵和脊索>

*［德］Schleiden, M. J.（施莱登, 1804 – 1881):《Beiträge zur Phytogenesis》(《植物发生论文集》),1838(D);［德］Schwann, T.（施旺, 1810 – 1882):《Mikroskopische Untersuchungen über die Übereinstimmung in der Struktur und dem Wachstum dder Tiere und Pflanzen》(《关于动植物的结构和生长一致性的显微研究》),1839

(D) <创立细胞学说>

＊［英］Darwin, C. R.（达尔文, 1809 – 1882）:《The Origin of Species》(《物种起源》), 1859(E),《The Descent of Man, and Selection in Relation to Sex》(《人类的由来和性选择》), 1871(E) <创立生物进化论, 变革人类知识与文化>

［奥］Mendel, G.（孟德尔, 1822 – 1884）:《Versuche über Pflanzen – Hybriden》(《植物杂种实验》), 1866(D) <发现遗传定律>

［德］Weismann, A.（魏斯曼, 1834 – 1914）:《Das Keimplasma, eine Theorie der Vererbung》(《种质论》), 1892(D) <提出种质连续和种质选择学说, 创立染色体减数分裂理论>

［美］Wilson, E. B.（威尔逊, 1856 – 1939）:《The Cell》(《细胞》), 1893(E) <代表细胞学的确立>

［丹麦］Johannsen, W. L.（约翰逊, 1857 – 1927）:《Elemente der exakten Erblichkeitslehre》(《精密遗传学原理》), 1909(D) <代表遗传学的确立>

［苏］Опарин, А. Н.（奥巴林, 1894 – 1980）:《Воэникновение жиэии наэемле》(《地球上生命的起源》), 1924(P) <奠定生命起源的科学理论>

＊［美］Morgen, T. H.（摩尔根, 1866 – 1945）:《The Theory of the Gene》(《基因论》), 1826(E, 2 ed. 1928) <创立基因理论>

＊［美］Watson, J. D.（沃森, 1928 – ）&［英］Crick, F. H. C（克里克, 1919 – 2004）:"A sturecture for deoxyribose nuclear acids"("DNA 分子结构"), Nature, 171:737 – 738, 1953(E) <确立 DNA 结构, 奠定基因工程>

21　中医药学及东方医学

＊［中(战国时代)］佚名:《内经》, c. 200BC(C);（东汉）张仲景(150 – 219):《伤寒卒病论》(含后世所传《伤寒论》和《金匮要略》), c. 220(C) <代表中医学>

＊［中(秦汉时代)］佚名:《神农本草经》, 25 – 220 (C);（明）李时珍(1518 – 1593):《本草纲目》, 1596(C) <代表中药学>

［阿拉伯］Ibn – Sïnä(伊本・西拿, 即 Avicenna, c. 980 – 1037):《Qänüm fï – l – tibb》(《医典》), c. 1000(A) <代表古代东方医学>

22 基础医学

［比利时］Vesalius, A.（维萨留斯，1514－1564）:《De humani corporis fabrica》（《人体构造》），1543（L）<奠定人体解剖学>

＊［英］Haryvey, W.（哈维，1578－1657）:《Exercitatio anatomica de motu cordis et sanquinis in animalibus》（《心血运行论》），16289（L）<发现血液循环>

［德］Haller, A.（哈勒，1707－1772）:《Elementa physiologicae corporis humani》（《人体生理学基础》），1757－66（L）<奠定生理学>

［法］Bichat, M. F. X.（比夏，1771－1802）:《Traité des membranes en general et diverses membranes en particulier》（《组织学》），1800（F）<奠定组织学>

［法］Laënnec, R. T. H.（雷纳，1781－1826）:《Traité de l' auscultation mediate et des maladies des pulmons et du coeur》（《心肺疾病听诊法》），1819（F）<奠定诊断学>

［德］Müller, J. P.（缪勒，1801－1858）:《Handbuch der Physiologie des Menschen》（《人体生理学手册》），1833－40（D）<奠定现代医学基础>

［德］Virchow, R. L. C.（微耳和，1821－1902）:《Die Cellularpathologie》（《细胞病理学》），1858（D）<奠定病理学>

［法］Pasteur, L.（巴斯德，1822－1895）:《Mémoire sur la fermentation appelée lactique》（《乳酸发酵》），1858（F），《Mémoire sur les corpuscules organizes qui existent dens l' atmospheres, examen de le doctrine des generations spontanées》（《空气中有机微粒之自然发生说研究》），1865（F）<奠定细菌学>

［法］Bernard, C.（贝纳，1813－1878）:《Introduction à l'étude de la médecine expérimentale》（《实验医学研究导论》），1865（F）<确立实验医学>

［德］Koch, R.（科赫，1843－1910）:《Die Ätiologie der Milzbrand－Kra－nkheit》（《炭疽病病原学》），1876（D）<确立细菌学>

23 内科学

＊［英］Sydenham, T.（息登汉，1624－1689）:《Observationes medicae》（《临床观察》），1666（L）;［英］Osler, W.（奥斯勒，1849－1919）:《Principles and Practice of Medicine》(《内科学原理与实践》),1891(E) <代表内科学>

24　外科学

＊[法] Paré,A.(巴雷,1510 – 1590):《Dix livres de la chirurgie》(《外科学十卷》),1564(F);[德] Heister,L.(海斯特,1683 – 1758):《Chirurgie》(《外科学》),1718(L) <代表外科学>

31　农业

[中(北魏)]贾思勰:《齐民要术》,c. 533 – 544(C);(南宋)陈甫(c. 1140 前后):《农书》,1154(C);(明)徐光启(1562 – 1633):《农政全书》,1639(C) <代表古代农业>

[苏] Вильямс, В. Р.(威廉斯, 1863 – 1939):《Почвоведеиие, эемление с основами почвоведения》(《土壤学——农作学及土壤学原理》),5 иэд。,1946(P),《Основыэемледения》(《农作学基础》),6иэд. ,1948(P);[苏] Мичурин, И. В.(米丘林,1855 – 1935):《Итоги шестидесятилетних работ》(《六十年工作总结》),1950(P) <代表近现代农业>

40　工程技术

[中(北宋)]沈括(1031 – 1095):《梦溪笔谈》,1086(C);(明)宋应星(1587 – c. 1640):《天工开物》,1637(C);[德] Agricola,G.(阿格里哥拉,即 Georg Bauer, 1494 – 1555):《De re metallica》(《矿冶论》),1556(L) <代表古代工程技术>

[法] Réaumur,R. A. F.(雷奥莫,1683 – 1757):《L'art de convertir le fer forgéen acier》(《论铁变成钢的艺术》),1722(F);[英]Rankine,W. J. M.(兰金, 1820 – 1872):《A Manual of the Steam Engine and Other Prime Movers》(《蒸汽机和其他原动机手册》),1859(E);[俄] Циолковский, К. Э.(齐奥尔柯夫斯基,1857 – 1935):《Исследование миров. ых пространств реактивными приборами》(《用于空间研究的反作用飞行器》),1903(P);[英] Fleming,J. A.(弗莱明,1849 – 1945):《The Principles of Electric Wave Telegraphy and Telephony》(《无线电信电话的原理》),1906(E);[美] Walker,W. H.(沃克,1869 – 1934):《Principles of Chemical Engineering》(《化工原理》),1923(E) <代表记录于普通文献中的工程技术>

围绕以下技术发明和工业产品形成的专利族: <代表记录于专利文献中的工程技术>蒸汽机;纺纱机;织布机;车床;镗床;铣床;刨床;锁;轮船;蒸汽机车;缝纫机;电报;转炉炼钢法;平炉炼钢法;发电机;电话;内燃机;汽油机;自行车;摩托车;汽车;燃气轮机;柴油机;留声机;电影;高压输电;无线电通讯;拉链;自来水笔;圆珠笔;飞机;收割机;雷达;电视;电冰箱;洗衣机;真空三极管;晶体三极管;集成电路;合成纤维;合成橡胶;合成塑料;激光器;石膏绷带;枪;炮。

在国力支持下完成的下列发明之科技报告及档案 <代表记录于科技报告及档案中的工程技术>

计算机;机器人;核反应堆;人造卫星;宇宙飞船及航天飞行;原子弹;氢弹

ISO,IEC 及国家级标准 <代表工程技术的发展水平>

[注] 望远镜将人类知识向宏观扩展;显微镜将人类知识向微观扩展。

61 情报学

[苏] Михайлов, А. И. (米哈依洛夫) идр. :《Основыинформатика》(《情报学基础》),2изд. ,1968(P) <确立情报学>

62 文献学

[英] Bradford, S. C. (布拉德福,1878 - 1948):《Documentation》(《文献学》),1948(E) <确立文献学>

63 图书馆学

[美] Dewey, Melvil (杜威,18511 - 1931):《Decimal Classification and Relative Index》(《十进分类法及相关索引》),2 ed. ,1885(E) <奠定分类法和主题索引法,通过将理论与实践相结合并指导实践而确立图书馆学,使人类文献开始得到科学地组织>

69 文化学

[英] Tylor, E. B. (泰勒,1832 - 1917):《Primitive Culture》(《原始文化》),

1871(E) <奠定文化学>

71　哲学

＊[中(周－战国)] 佚名:《周易》,c. 700BC(C) <奠定中国学术>

＊[中(春秋)] 老聃(c. 571BC－c. 480BC):《老子》(《道德经》),c. 500BC(C) <创立道学>

＊[中(春秋)] 孔丘(551BC－479BC)门徒:《论语》,c. 470BC(C) <创立儒学>

＊[中(战国)] 墨翟(c. 480BC－c. 397BC)等:《墨子》,c. 390BC(C) <创立墨学,其中墨辩六章集中国古代逻辑之大成>

＊[中(战国)] 孟轲(c. 372BC－c. 289BC):《孟子》,c. 290BC(C) <发展儒学>

＊[中(战国)] 庄周(c. 369BC－c. 286BC)等:《庄子》,c. 290BC(C) <发展道学>

[中(战国)] 荀况(c. 298BC－c. 238BC):《荀子》,c. 240BC(C) <集先秦儒、道、名各家学说而自成一家>

[中(西汉)] 刘安(179BC－122BC)等:《淮南子》(《淮南鸿烈》),c. 120BC(C) <以道为基础,兼取儒、墨、法而自成一家>

[中(西汉)] 扬雄(53BC－18AD):《太玄》,《法言》,c. 10(C) <发展和玄化易学体系>

[中(东汉)] 王充(27－96):《论衡》,c. 83 (C) <发展道学成元气说>

[中(魏)] 王弼(226－249):《老子注》,c. 245(C) [中(西晋)]郭象(252－312)等:《庄子注》,c. 300(C);[中(晋)] 葛洪:《抱朴子》,c. 300(C) <代表合并道、儒而成的魏晋玄学>

[中(南朝)] 范缜(c. 448－c. 515):《神灭论》,c. 500(C) <代表中国古代朴素无神论>

[中(隋)] 智凯(538－597):《摩诃止观》,c. 590(C) ;[中(唐)]玄奘(600－664):《成唯识论》,c. 650(C);[中(唐)] 法藏(643－712):《华严义海百门》,c. 700(C);[中(唐)] 慧能(638－713)门徒:《坛经》,c. 710(C) <代表中国隋唐

佛学 >

[中(唐)] 柳宗元(772 - 819):《天对》,c. 810(C) < 发展元气说 >

*[中(北宋)] 周敦颐(1017 - 1073):《太极图说》《通书》, c. 1060(C) < 上承道、儒,下启道气说和理学 >

[中(北宋)]张载(1020 - 1077):《正蒙》,c. 1060(C);[中(北宋)] 王安石(1021 - 1086):《洪范传》,c. 1070(C) < 发展元气说成道气说 >

*[中(南宋)] 朱熹(1130 - 1200):《太极图说解》《四书章句集注》,c. 1180(C) < 代表发展儒学并兼取道、佛而成的理学,束缚中国文化思想近千年并波及东亚各国 >

[中(明)] 王守仁(1472 - 1528):《传习录》,c. 1525(C) < 代表糅合儒、佛而成的心学 >

[中(明)] 王夫之(1619 - 1692):《张子正蒙注》《周易外传》《尚书引义》, c. 1650 - 80(C) < 吸取理学改进并发展道气说,集中国道系哲学之大成 >

[中(清)] 戴震(1723 - 1777):《孟子字义疏证》,c. 1770(C) < 发展道气说,确立考据学 >

[中] 孙中山(1866 - 1925):《孙文学说》,1918(C) < 代表孙中山哲学思想 >

[中] 毛泽东 (1893 - 1976):《实践论》《矛盾论》,1937(C) < 代表毛泽东哲学思想 >

[印]《Mimamsa - sutra》(《弥曼差经》)(V) < 奠定弥曼差哲学 >

[印]《Brahma - sutra》(《梵经》,即《吠檀多经》)(V) < 奠定弥曼差哲学 >

[印]《Samkhya - sutra》(《数论经》)(V) < 奠定数论派哲学 >

[印]《Yoga - sutra》(《瑜伽经》)(V) < 奠定瑜伽哲学 >

[印]《Nyaya - sutra》(《正理经》)(V) < 奠定正理哲学 >

[印]《Vaisesika - sutra》(《胜论经》)(V) < 奠定胜论哲学 >

*[希] Ἀριστοτελης (Aristoteles, 亚里士多德, 384 - 322BC):《Τα μεταταφυσικα》(《Metaphysica》,《形而上学》), c. 330BC(G) < 开创西方哲学 >

[罗] Lucretius Carus, Titus (卢克莱修, c. 99 - 55BC):《De rerum natura》(《物性论》), c. 60BC(L) < 集古代自然哲学之大成 >

[罗] Augustinus, Aurelius (奥古斯丁, 354 - 430):《De civitate Dei contra paganos》(《上帝之城》),413－426(L)<代表中世纪教父哲学>

［意］Aquinas,Thomas(托马斯·阿奎那,c. 1225－1274):《Summa theologiae》(《神学大全》),1266－72(L)<代表中世纪经院哲学>

［英］Bacon,Roger(罗吉尔·培根,c. 1215－1294):《Opus maius》(《大著作》),c. 1280(L)<代表中世纪自然哲学>

［意］Bruno,Giordano(布鲁诺,1548－1600):《Della causa,principio ed uno》(《论原因,本原和一》),1584(I),《Deli' infinito,universo e mondi》(《论无限性,宇宙和诸世界》),1584(I)<代表文艺复兴时期自然哲学>

*［英］Bacon,Francis(弗兰西斯·培根,1561－1626):《The Advancement of Learning》(《学术的进步》),1605(E,1623年出增订拉丁文本《De augmentis et dignitate scientiarum》),《Novum organum scientiarum》(《新工具》),1620(E)<西方近现代哲学的起点,确立归纳法,奠定西方现代文明的思想基础>

*［法］Descartes,R.(笛卡尔,1596－1650):《Discours de la méthode》(《方法论》),1637(F),《Principia philosophiae》(《哲学原理》),1644(L)<奠定二元论哲学>

［荷兰］Spinoza,R.(斯宾诺莎,1632－1677):《Tractatus de intellectus emendatione》(《知性改进论》),1662(L),《Ethica》(《伦理学》),1677(L)<奠定一元论哲学>

［英］Hobbes,Th.(霍布斯,1588－1679):《Leviatham》(《利维坦》),1651(E)<确立机械唯物主义>

［英］Locke,J.(洛克,1632－1704):《An Essay concerning Human Understanding》(《人类理智论》),1690(E)<确立经验唯物主义>

［德］Leibniz,G. W.(莱布尼兹,1646－1716):《La monadologie》(《单子论》),1714(F),《Nouveaux essais sur l'entendement humain》(《人类理智新论》),1765(F)<确立客观唯心主义>

［英］Berkeley,G.(贝克莱,1685－1753):《A Treatise concerning the Principles of Human Knowledge》(《人类知识原理》),1710(F)<确立主观唯心主义>

*［英］Hume,D.(休谟,1711－1776):《A Treatise of Human Nature》(《人性论》),1739－40(E),《An Enquiry concerning Human Understanding》(《人类理智研

究》),1758(E) <确立怀疑主义>

［法］ Voltaire (伏尔泰,真名 F. M. Arouet,1694 – 1778):《Lettres philosophiques》(《哲学通信》),1733(F) <代表法国启蒙哲学思想>

［法］ La Mattrie,J. O. (拉美特利,1709 – 1751):《L' homme machine》(《人是机器》),1748(F) <代表机械唯物主义>

［法］ Diderot,D. (狄德罗,1713 – 1784):《Pensées philosophiques》(《哲学思索》),1746(F);［法］ Helvétius,C. A. (爱尔维修,1715 – 1771):《De l' esprit》(《论精神》),1758(F) <发展唯物主义认识论>

［法］ d'Holbach,P. H. (霍尔巴赫,1723 – 1789):《Système de la nature》(《自然的体系》),1770(F) <18 世纪唯物主义"圣经">

*［德］ Kant,I. (康德,1724 – 1804):《Allgemeine Naturgeschichte und Theorie des Himmels》(《自然通史和天体论》),1755(D),《Kritik der reinen Vernunft》(《纯粹理性批判》),1781(D),《Kritik der praktischen Vernunft》(《实践理性批判》),1788(D),《Kritik der Urtheilskraft》(《判断力批判》),1790(D) <确立二元论批判哲学体系即康德主义>

［德］Fichte,J. G. (费希特,1762 – 1814):《Grundlage der gesamten Wissenschaftslehre》(《全部知识学的基础》),1794(D) <确立主观唯心主义知识哲学>

［德］ Schelling,F. V. J. (谢林,1775 – 1854):《System des transzendentalen Idealismus》(《先验唯心主义体系》),1800(D) <确立客观唯心主义先验哲学>

*［德］ Hegel,G. W. F. (黑格尔,1770 – 1831):《Phänomenologie des Geistes》(《精神现象学》),1807(D),《Encyklopädie der philosophischen Wissenschaften im Grundrisse》(《哲学全书》,包括《小逻辑》《自然哲学》和《精神哲学》),1817(D) <确立辩证唯心主义哲学体系即黑格尔主义>

［德］ Feuerbach,L. A. (费尔巴哈,1804 – 1872):《Das Wesen des Christentums》(《基督教的本质》),1841(D),《Grundsätze der Philosophie der Zukunft》(《未来哲学原理》),1843(D) <确立形而上学唯物主义>

［德］ Marx,K. (马克思,1818 – 1883)&Engels,F. (恩格斯,1820 – 1895):《Die deutsche Ideologie》(《德意志意识形态》),1845 – 46(D);Marx, K. (马克思,1818 – 1883):《Misère de la philosophie》(《哲学的贫困》),1847(F);Engels,F. (恩格

斯,1820 – 1895):《Anti – Dühring》(《反杜林论》),1878(D),《Dialaktik der Natur》(《自然辨证法》),1873 – 86(D,1925 出版) <代表马克思主义哲学>

［德］Schopenhaur,A.(叔本华,1788 – 1860):《Die Welt als Wille und Vorstellung》(《作为意志和表象的世界》),1819(D) <确立唯意志主义>

［法］Comte,A.(孔德,1778 – 1857):《Cours de philosophie positive》(《实证哲学教程》),1830 – 42(F) <确立实证主义>

［英］Spencer,H.(斯宾塞,1820 – 1903):《A System of Synthetic Philosophy》(《综合哲学体系》),1860 – 96(E,包括《Programm》,1860;《First Principles》,1862;《Principles of Biology》,1864 – 67;《Principles of Psychology》,1855 – 72;《Princiles of Sociology》,1876 – 96;《Principles of Ethics》,1879 – 93) <确立综合哲学体系>

［奥］Mach,E.(马赫,1838 – 1916):《Die Analyse der Empfindungen und das Verhälthis des Physischen zum Psychischen》(《感觉的分析与心体的关系》),1886(D);［德］Avenarius,R.(阿芬那留斯,1843 – 1896):《Kritik der reinen Erfahrung》(《纯粹经验批判》),1888(D) <确立经验批判主义即马赫主义>

［德］Haeckel,E. H.(海克尔,1834 – 1919):《Natürliche Schöpfungsgeschichte》(《自然创造史》),1868(D),《Die Welträtsel》(《宇宙之迷》),1899(D) <代表近代自然哲学>

［法］Poincaré,J. H.(彭加勒,1854 – 1912):《La science et :' hypothèse》(《科学与假设》),1902(F) <确立约定论即相对主义>

［意］Croce,B.(克罗齐,1866 – 1952):《Filosofia come scienza dello spirito》(《精神哲学》),1902 – 17(I,包括《Estetica come scienza dell' sepressine e linguistica genrale》,1902;《Logica come scienza del concetto puro》,1908;《Filosofia della practica,economia ed etica》1909;《Teoria e storia della storiografia》,1917) <确立精神哲学体系>

［英］Bradley,F. H.(布拉德雷,1846 – 1924):《Appearance and Reality》(《现象与实在》),1893(E);［德］Cohen,H.(柯亨,1842 – 1918):《Logik der reinen Erkenntnis》(《纯粹认识的逻辑》),1902(D),《Ethik des reinen Willens》(《纯粹意志的伦理学》),1904(D),《Ästhetik des reinen Gefühls》(《纯粹感受的美学》),1912(D) <代表黑格尔主义和康德主义的绝对唯心主义>

＊［法］Bergson,H.（柏格森,1859－1941）:《L' évolution créatrice》(《创造进化论》),1907(F) <代表直觉主义生命哲学>

［美］James,W.（詹姆斯,1842－1910）:《Pragmatism》(《实用主义》),1907(E);［美］Dewey,J.（杜威,1859－1952）:《Expierience and Nature》(《经验与自然》),1925(E) <代表实用主义哲学>

［美］Holt,E. B.（霍尔特,1873－1946）et al.:《The New Realism》(《新实在论》),1912(E);［英］Whitehead,A. N.（怀特海,1961－1947）:《Process and Reality》(《过程与实在》),1929(E) <代表实在主义哲学>

［德］Husserl,E.（胡塞尔,1859－1938）:《Ideen zu einer reinen Phänomenlogie und phänomenologischen Philosophie》(《纯粹现象学和现象学哲学的观念》),1913(D) <奠定先验现象学>

［德］Windelband,W.（文德尔班,1848－1915）:《Einleitung in die Philosophie》(《哲学概论》),1914(D) <代表价值哲学>

＊［奥］Wittgenstein,L.（维特根斯坦,1889－1976）:《Logisch philosophische Abhandlaung》(《逻辑哲学论》),1921(D) <奠定分析哲学>

［德］Heidegger,M.（海德格尔,1889－1976）:《Sein und Zeit》(《存在与时间》),1927(D);［德］Jaspers,K.（雅斯贝斯,1883－1969）:《Philosophie》(《哲学》),1931(D);［法］Sartre,J. P.（萨特,1905－1980）:《L' être et le néant》(《存在与虚无》),1943(F) <代表存在主义哲学>

［德］Carnap,R.（卡尔纳普,1871－1970）:《Der logische Aufbau der Welt》(《世界的逻辑结构》),1928(D);［奥］Popper,K. R.（波普尔,1902－1994）:《Logik der Forschung》(《研究的逻辑》),1935(D,1959 年出英文增补本《The Logik of Scientific Discovery》);《Objective Knowledge》(《客观知识》),1972;［美］Kuhn,Th. S.（库恩,1922－1996）:《The Structure of Scientific Revolutions》(《科学革命的结构》),1962(E) <代表科学哲学>

［美］Mead,G. H.（米德,1863－1931）:《The Philosophy of Act》(《行动哲学》),1938(E);［美］Bridgman,P. W.（布里奇曼,1882－1961）:《The Intelligent Individual and Society》(《智慧的个人与社会》),1938(E) <代表行动主义和操作主义>

［德］Cassirer, E.（卡西尔，1874 – 1945）：《An Essay on Man》（《人论》），1944（E）<创立文化哲学>

［俄］Герцен, А. И.（赫尔岑，1812 – 1870）：《Письма обиэученин природы》（《自然研究通讯》），1845 – 46（P）<代表19世纪俄国古典哲学>

［苏］Ленин, В. И.（列宁，1870 – 1924）：《Материализми змпириокритицизм》（《唯物主义和经验批判主义》），1908（P）<代表列宁主义哲学>

72　逻辑学

［希］Αριστοτελης（Aristoteles，亚里士多德，384BC – 322BC）：《Οργαυου》（《Organun》，《工具论》），c. 330BC（G）<代表西方古典逻辑>

［中（战国）］公孙龙（c. 320 – 250BC）：《公孙龙子》，c. 270BC（C）<代表中国古典逻辑即名学>

［中（唐）］玄奘（600 – 664）译：《因明正理门论》，《因明入正理论》，c. 650（C）<代表印度古典逻辑即因明学>

［德］Hegel, G. W. F.（黑格尔，1770 – 1831）：《Wissenschaft der Logik》（《逻辑学》），1812 – 16（D）<代表近代逻辑>

［英］Mill, J. S.（密尔，1806 – 1873）：《A Aystem of Logic：ratiocinative and inductive》（《演绎及归纳的逻辑学体系》），1843（E）<集归纳逻辑之大成>

［英］Russell, B.（罗素，1872 – 1969）&A. N. Whitehead（怀特海，1861 – 1947）：《Principia mathematica》（《数学原理》），1910 – 13（E）<代表现代逻辑>

73　心理学

［德］Fechner, G. T.（费希纳，1801 – 1887）：《Elemente der Psychophysik》（《心理物理学纲要》），1860（D）<奠定实验心理学>

［德］Wundt, W.（冯特，1830 – 1920）：《Grundzüge der physiologischen Psychologie》（《生理心理学原理》），1873 – 74（D）<确立实验心理学，创立心理学体系>

［德］Brentano, F.（布伦塔诺，1838 – 1917）：《Psychologie vom empirischen Standpunkte》（《经验立场的心理学》），1874（D）；［美］James, W.（詹姆斯，1842 – 1910）：《Principles of Psychology》（《心理学原理》），1890（E）；［英］Stout, G. F.（斯

托特,1860－1944):《A Manual of Psychology》(《心理学手册》),1899(E) <代表机能心理学>

［德］Stumpf,K.(斯顿夫,1848－1936):《Tonpsychologie》(《音乐心理学》),1883－90(D);［英］McDougall,W.(麦克杜格,1871－1944):《An Introduction to Social Psychology》(《社会心理学导论》),1908(E),《An Outline of Abnormal Psychology》(《变态心理学大纲》),1926(E);［美］Thorndike,E. L.(桑代克,1874－1949):《Educational Psychology》(《教育心理学》),1913－14(E) <代表专科心理学的确立>

［俄］Сеченов,И. М.(谢切诺夫,1829－1905):《Рефлексыголовного мозга》(《大脑反射》),1863(P);［英］Sherrington,C. S.(谢灵顿,1857－1952):《The Integrative Action of the Nervous System》(《神经系统的整合作用》),1906(E);［苏］Павлов,И. П.(巴甫洛夫,1849－1936):《Лекции о работе больщих полушарийголового мозга》(《大脑两半球机能讲义》),1927(P) <创立反射学说,对神经生理和心理研究产生深远影响>

*［奥］Freud,S.(弗洛伊德,1856－1939):《Die Traumdeutung》(《梦的解析》),1900(D),《Das Ich und das Ed》(《自我和伊底》),1923(D) <创立精神分析学,冲击人类文化>

［美］Titchener,E. B.(铁钦纳,1867－1927):"The postulates of a structural psychology"("构造心理学的假定"),Philosophical Peview,7:449－465, 1898(E),"Structural and functional psychology"("构造心理学与机能心理学"),Philosophical Review,8:290－299,1899(E) <奠定构造心理学>

［美］Watson,J. B.(华生,1878－1958):"Psychology as the Behaviorist Views It"("作为行为主义者眼光中的心理学"),Psychological Review,20:158－177,1913(E),《Psychology from the Standpoint of a Behaviorist》(《站在行为主义者立场的心理学》),1919(E) <确立行为心理学>

［德］Weitheimer,M.(韦特海默,1880－1943):"Experimentelle Studien über das Sehen von Bowegungen"("关于运动视觉的实验研究"),Zeitschrift für Psychologie,61:161－265,1912(D);［德］Köhler,W.(柯勒,1887－1967):《Gestalt Psychology》(《完形心理学》),1929(E);［德］Lewin,K.(莱温,1890－1947):《Principles of Topological Psychology》(《拓扑心理学原理》),1936(E) <代表完形心理学>

［瑞士］Piaget, J.（皮亚杰,1896 - 1980）:《La psychologie de l' intelligence》(《智力心理学》),1947(F),《Introduction à l'épistémologie génétique》(《发生认识论导论》),1950(F) <确立发生心理学>

74 伦理学

［希］Αριστοτελης(Aristoteles, 亚里士多德, 384BC - 322BC):《'Ηθικα Ηικομαχεια》(《Ethica Nicomachea》,《尼各马可伦理学》),c. 320BC(G) <代表西方古代伦理思想>

［中(北朝)］颜之推(513 - 591):《颜氏家训》,c. 590(C);［中(明)］洪应明(c. 1600 前后):《菜根谭》,c. 1600(C) <代表东方古代伦理思想>

［英］Smith, Adam（亚当·斯密,1723 - 1790）:《The Theory of Moral Sentiments》(《道德情操论》),1759(E);［法］d' Holbach, P. H.（霍尔巴赫,1723 - 1789）:《Eléments de la morale universelle》(《普遍道德原理》),1776(F) <部分代表 18 世纪伦理思想>

［英］Mill, J. S.（密尔,1806 - 1873）:《Utilitarianism》(《功利主义》),1863(E);［德］Paulsen, F.（保尔森,1846 - 1908）:《System der Ethik》(《伦理学体系》),1889(D) <部分代表 19 世纪伦理思想>

［美］Dewey, J.（杜威,1859 - 1952）&J. H. Tufts:《Ethics》(《伦理学》),1908(E);［美］Einstein, A.（爱因斯坦,1879 - 1955）:《Mein Weltbild》(《我的世界观》),Ed. By C. Seelig,1953(D&E) <部分代表 20 世纪伦理思想>

75 美学

［希］Αριστοτελης（Aristoteles, 亚里士多德, 384BC - 322BC）:《Περι ποιητικη》(《De poetica》,《诗学》),c. 330BC(G) <奠定美学>

［德］Baumgarten, A. G.（鲍姆加登,1714 - 1762）:《Aesthetica》(《美学》),1750(L) <确立美学>

［德］Hegel, G. W. F.（黑格尔,1770 - 1831）:《Vorlesungen über die Äesthetik》

(《美学》),1835 – 38(D) <发展美学>

[俄] Чернышевский, Н. Г. (车尔尼雪夫斯基,1828 – 1889):《Эстетические отношения искусства кдействительности》(《艺术对现实的审美关系》),1855(P) <开拓美学新方向>

79 宗教

*[罗]《圣经》,(X&G) <基督教经典>

*[阿]《古兰经》,(A) <伊斯兰教经典>

*[印]《般若波罗密多心经》,(V) <代表大乘佛教核心思想>

[中]《六祖坛经》,(C) <代表中国化佛教>

[中(西汉)] 董仲舒(179 – 104BC):《春秋繁露》,c. 110BC(C) <发展儒学成神学从而确立并代表儒教>

81 考古学

[中(明)] 曹昭:《格古要论》,1387(C);[日] 滨田耕作(1881 – 1938):《东亚考古学研究》,1930(J) <代表东方考古>

[丹麦] Thomsen, C. J. (汤姆森,1788 – 1865):《Ledetrand til Nordisk Oldkyndighed》(《北欧古代学入门》),1836(Dn);[英] Evans, A. J. (伊文思,1851 – 1941):《The Palace of Minos at Knossos》(《诺萨斯的米诺斯宫》),1921 – 36(E) <代表西方考古,前者提出的石器、青铜器、铁器三期说至今沿用>

[英] Petrie, W. M. F. (比特里,1853 – 1942):《Methods and Aims in Archaeology》(《考古学的方法与目的》),1904(E) <代表考古理论与方法>

82 历史科学

[中(春秋)] 孔丘(551BC – 479BC):《春秋》《尚书》(《书经》),c. 500BC(C);[中(春秋)] 左丘明(c. 500BC 前后)等:《春秋左氏传》(《左氏春秋》),c. 490BC(C) <开创中国史学,《春秋》确立编年体断代史写法>

*[中(西汉)] 司马迁(145BC – 90BC):《史记》,c. 90BC(C) <奠定中国古代史学,确立纪传体通史写法>

［中(东汉)］班固(32－92):《汉书》,c. 90(C) <确立纪传体断代史写法>

［中(唐)］刘知几(661－721):《史通》,710(C) <奠定中国古代史学理论>

［中(唐)］杜佑(735－812):《通典》,801(C) <确立典志体(政书体)写法>

［中(北宋)］王溥(919－981):《唐会要》,961(C) <确立会要体写法>

*［中(北宋)］司马光(1019－1086):《资治通鉴》,1084(C) <中国古代史著高峰,确立编年体通史写法,推进中国史学>

［中(南宋)］郑樵(1103－1162):《通志》,c. 1150(C) <发展中国古代史学理论>

［中(南宋)］袁枢(1131－1205):《通鉴纪事本末》,1173(C) <确立纪事本末体写法>

［中(元)］马端临(1254－1323):《文献通考》,c. 1300(C) <集典志体史著之大成>

*［中(清)］章学诚(1938－1801):《文史通义》,1796(C) <集中国古代史学理论之大成>

［日］江户幕府:《本朝通鉴》,1670(J);德川光(1628－1700):《大日本史》(J) <代表日本史著>

［希］Herodotus (希罗多德,c. 484BC－425BC):《Historia》(《历史(希波战争史)》),c. 430BC(G);［希］Thucydides (修昔底德,c. 460BC－c. 400BC):《Euggraphes o historion》(《伯罗奔尼撒战争史》),c. 400BC(G);［希］Xenophon(色诺芬,c. 430－354):《Kyru anabasis》(《长征记(万人进军)》),c. 360BC(G);［希］Polybius(波里比阿,c. 204BC－122BC):《Historiai》(《通史(罗马史)》),c. 125BC(G) <代表古希腊史著成就>

［罗］Caesar, G. (凯撒,101BC－44BC):《Commentarii de bello Gallico》(《高卢战记(内战记)》),c. 45BC(L);［罗］Livius, T. (李维,59BC－17AD):《Ab urbe condita》(《罗马史》),c. 16(L);［罗］Tacitus, P. C. (塔西佗,c. 55－c. 120):《Annales》(《罗马编年史》),c. 120(L) <代表古罗马史著成就>

［意］Machiavelli, N. (马基雅弗利,1469－1527):《Istorie florentine》(《佛罗伦萨史》),1521－25(I);［意］Guicciardini, F. (奎昔亚狄尼,1486－1540):《Storia d'Italia》(《意大利史》),1561(I) <代表中古西方史著成就>

＊［英］Hume，D.（休谟，1711－1776）：《The History of England》（《英国史》），1762（E）；［英］Gibbon，E.（吉本，1737－1794）：《The History of the Decline and Pall of the Rome Empire》（《罗马帝国衰亡史》），1766－88（E）；［英］Hallam，H.（哈兰，1777－1859）：《Constitutional History of England》（《英国宪政史》），1827（E）；［英］Grote，G.（格罗特，1794－1871）：《A History of Greece》（《希腊史》），1846－56（E）；［德］Mommsen，T.（蒙森，1817－1903）：《Römische Geschichte》（《罗马史》），1854－56（D）；［法］Guizot，F. P. G.（基佐，1787－1874）：《Histoire de la civilization en Europe》（《欧洲文明史》），1828（F）；［法］Michelet，J.（密芝勒，1798－1874）：《Histoire de France》（《法国通史》）1833－67（F），《Histoire de la revolution française》（《法国大革命史》），1846－53（F）；［美］Bancroft，G.（班克罗夫特，1800－1891）：《History of the United States》（《美国史》），1834－74（E）；［美］Prescott，W. H.（普列斯科特，1796－1859）：《The Conquest of Mexico》（《墨西哥之征服》），1843（E），《The Conquest of Peru》（《秘鲁之征服》），1847（E）；［美］Motley，J. L.（摩特莱，1814－1877）：《The Rise of the Dutch Republic》（《荷兰共和国之兴起》），1856（E）；［英］Green，J. R.（格林，1837－1883）：《A Short History of the English People》（《英国人民简史》），1874（E）；［德］Ranke，L.（朗克，1795－1886）：《Weltgeschichte》（《世界史》），1881－88（D）；［俄］Карамзин，Н. М.（加拉姆辛，1766－1826）：《Историей государства Российского》（《俄罗斯帝国史》），1816－29（P）；［俄］Соловьёв，С. М.（苏洛维约夫，1820－1879）：《Истории России с древнейших времён》（《俄国通史》），1851－78（P）<代表近现代西方史著成就>

［意］Vico，G. B.（维柯，1668－1744）：《Principi di una scienza nuova interno alla commune natura delle nazioni》（《关于民族共同性的新科学原理》），1725（I）；［德］Herder，J. G.（海尔德，1744－1803）：《Ideen zur Philosophie der Geschichte der Menschheit》（《人类历史哲学要义》），1784－91（D）；［德］Hegel，G. W. F.（黑格尔，1770－1831）：《Vorlesungen über die Philosophie der Geschichichte》（《历史哲学》），1837（D）；［德］Bernheim，E.（伯因汉，1850－1922）：《Lehrbuch der historischen Methode》（《史学方法论》），1889（D）；［英］Toynbee，A. J.（汤因比，1889－1975）：《A Study of History》（《历史研究》），1934－61（E）<代表西方史学理论与方法>

83 经济学

［希］Αριστοτελης（Aristoteles，亚里士多德，384BC－322BC）：《Οικονομικα》（《Economica》，《经济学》），c. 330BC（G）；［中（西汉）］桓宽（c. 100BC 前后）：《盐铁论》，c. 80BC（C）<代表古代经济思想>

［英］Petty，W.（配第，1623－1687）：《A Treatise of Taxes and Contributions》（《赋税论》），1662（E）<确立经济学>

［英］Mun，Th.（孟，1571－1641）：《England' s Treasure by Foreign Trade》（《英国得自对外贸易的财富》），1664（E）<代表重商经济学>

［法］Quesnay，F.（魁奈，1694－1774）：《Tableau économique》（《经济表》），1758（F）<代表重农经济学>

*［英］Smith，Adam（亚当·斯密，1723－1790）：《An Inquiry into the Nature and Causes of the Wealth of Nations》（《国民财富的性质和原因研究》），1776（E）<集古典政治经济学之大成>

［英］Ricardo，D.（李嘉图，1772－1823）：《On the Principles of Political Economy and Taxation》（《政治经济学及赋税原理》），1817（E）；［瑞士］Sismondi，J. C. L. S.（西斯蒙第，1773－1842）：《Nouveaux principes d' économie politique ou de la richesse dans ses rapports avec la population》（《政治经济学新原理或论财富同人口的关系》），1818（F）<推进政治经济学>

［英］Malthus，R. R.（马尔萨斯，1766－1834）：《An Essay on the Principles of Population》（《人口论》），2 ed.，1803（E），《Principles of Political Economy》（《政治经济学原理》），1820（E）；［法］Say，J. B.（萨伊，1767－1832）：《Traité d' économie politique》（《政治经济学概论》），1803（F）；［英］Senior，N. W.（西尼耳，1790－1864）：《An Outline of the Science of Political Economy》（《政治经济学大纲》），1836（E，1850 2 ed. 更名为 Political Economy）<代表庸俗经济学>

［法］Cournot，A. A.（库尔诺，1801－1877）：《Recherches sur les principes mathématiques de la théorie des richesses》（《财富理论和数学原理研究》），1838（F）<奠定计量经济学>

［德］List，F.（李斯特，1789－1846）：《Das nationale System der politischen

Ökonomie》(《政治经济学的国民体系》),1841(D);[德] Roscher,W. G. F.(罗雪尔,1817 – 1894):《Grundriss zu Voriesungen über die Staatswirtschaft nach geschichtlicher Methode》(《历史方法的国民经济学讲义大纲》),1854 – 94(D);[德] Schmoller,G.(施穆勒,1838 – 1917):《Grundriss der allgemeinen Volkswirtschaftslehre》(《一般国民经济学大纲》),1900 – 04(D) <创立历史经济学和国民经济学>

[英] Mill. J. S.(密尔,1806 – 1873):《Principles of Political Economy,with some of their applications to social philosophy》(《政治经济学原理及其对的某些应用》),1848(E) <代表经济哲学原理>

[法] Bastiat,C. F.(巴师夏,1801 – 1850):《Harmonies économiques》(《经济和谐论》),1850(F) <提出和谐经济学说>

[德] Marx,K.(马克思,1818 – 1883):《Das Kapital》(《资本论》,包括作为第4卷的《剩余价值理论》),1867 – 1910(D) <创立剩余价值理论,代表马克思主义政治经济学>

[奥] Böhm – Bawerk,E.(庞巴维克,1851 – 1914):《Kapital und Kapitalzins》(《资本与资本利息》),1884 – 89(D);[英] Jevons,W. S.(杰文斯,1835 – 1882):《The Theory of Political Economy》(《政治经济学理论》),1871(E) <创立边际效用价值论>

*[英] Marshall,A.(马歇尔,1842 – 1924):《Principles of Economics》(《经济学原理》),1890(E) <创立均衡价格论,确立微观经济学>

[美] Clark,J. B.(克拉克,1847 – 1938):《The Distribution of Wealth》(《财富的分配》),1899(E) <确立动态和表态经济学思想>

[德] Hilferding,R.(希法亭,1877 – 1914):《Das Finanzkapital》(《金融资本论》),1910(D) <确立金融经济学>

[英] Pigou,A. C.(皮古,1877 – 1959):《The Economics of Welfare》(《福利经济学》),1920(E) <创立福利经济学>

[美] Commons,J. R.(康芒斯,1862 – 1945):《The Institutional Economics》(《制度经济学》),1934(E) <确立制度经济学>

*[英] Keynes,J. M.(凯因斯,1883 – 1946):《The General Theory of Employment,Interest and Money》(《就业,利息和货币通论》),1936(E) <确立宏观经济

学 >

［美］Samuelson, P. A.（萨缪尔森，1915 – ）:《Foundations of Economic Analysis》(《经济分析基础》)，1947(E)，《Economics》(《经济学》)，1948(E) <代表结合动态和静态，宏观与微观经济学而成的混合经济学 >

85　政治、社会学

［中(春秋)］管仲(c. 725 – c. 645BC)门徒:《管子》，c. 300BC(C)；［中(战国)］商鞅(c. 390BC – 338BC)等:《商君书》，c. 260BC(C)；［中(战国)］韩非(280 – 233BC)等:《韩非子》，c. 230BC(C) <代表中国古代政治思想 >

［中］孙中山(1866 – 1925):《三民主义·建国大纲》，1929(C) <代表孙中山政治思想 >

［中］毛泽东(1893 – 1976):《新民主主义论》，1940(C)，《论联合政府》，1945(C) <代表毛泽东政治思想 >

［希］Πλατων (Platon，柏拉图，c. 428BC – c. 347BC):《Πολιτειαη περι δικαιου》(《Republica》，《理想国》)，c. 350BC(G)，《Πολιτικος η περι βασιλειας》(《Politicus》，《政治家论》)，c. 350BC(G)；［希］' Αριστοτελης (Aristoteles，亚里士多德，384BC – 322BC):《Πολιτικα》(《Politica》，《政治学》)，c. 330BC(G)，《'Αθηναιων πολιτεια》(《Atheniensium republica》，《雅典政制》)，c. 330BC(G) <代表西方古代政治思想 >

［意］Machiavelli, N.（马基雅弗利，1469 – 1527）:《Il principe》(《君主论》)，1513(I) <代表君主制政治思想 >

［英］More, T.（摩尔，1478 – 1535）:《De optimo rei publicae statu deque nova insula Utopia》(《乌托邦》)，1516(L)；［意］Campanella, T.（康帕内拉，1568 – 1639）:《Cittá del sole》(《太阳城》)，1623(I)；［法］Saint – Simon, C. H.（圣西门，1760 – 1825）:《Nouveau christianisme》(《新基督教》)，1825(F)；［法］Fourier, F. M. C.（傅立叶，1772 – 1837）:《Nouveau monde industriel et sociétaire》(《经济的和协作的新世界》)，1829(F)；［英］Owen, R.（欧文，1771 – 1858）:《The Book of New Moral World》(《新道德世界》)，1836 – 44(E) <代表空想社会主义政治思想 >

［法］Bodin, J.（布丹，1530 – 1596）：《Les six livres la république》（《国家论六卷》），1576（F）<确立国家主权理论>

［荷兰］Spinoza, B.（斯宾诺莎，1632 – 1677）：《Tractatus theologicopoliticus》（《神学政治论》），1670（L）<确立政体学说>

［英］Locke, J.（洛克，1632 – 1704）：《Two Treatises of Government》（《政府论》），1690（E）<奠定君主立宪制理论，提出分权学说>

*［法］Rousseau, J. J.（卢梭，1712 – 1778）：《Discours sur l' origine et les fondements de l' inégalité parmi les hommes》（《论人类不平等的起源和基础》），1755（F），《Du contrat social, ou principes du droit politique》（《社会契约论或政治权利原理》），1762（F）<代表法国启蒙政治思想>

*［美］Jefferson, T.（杰弗逊，1743 – 1826）：《Declaration of Independence》（《独立宣言》），1776（E）；［美］Paine, T.（潘恩，1737 – 1809）：《Common Sense》（《常识》），1776（E），《Rights of Man》（《人权论》），1791 – 92（E）<代表近代美国政治思想>

*［德］Marx, K.（马克思，1818 – 1883）&F. Engels（恩格斯，1820 – 1895）：《Manifest der kommunistischen Partei》（《共产党宣言》），1848（D）<代表马克思主义核心思想>

［德］Engels, F.（恩格斯，1820 – 1895）：《Der Ursprung der Familie, des Privateigenthums und des Staats》（《家庭，私有制和国家的起源》），1884（D）<奠定马克思主义社会学>

［苏］Ленин, В. И.（列宁，1870 – 1924）：《Империализм, как высшая стадия капитализма》（《帝国主义是资本主义的最高阶段》），1917（P），《Государство иреволюция》（《国家与革命》），1918（P）<代表列宁主义核心思想>

［美］Morgenthau, H.（摩根索，1904 – 1980）：《Politics Among Nations》（《国际政治论》），1948（E）<奠定国际关系学>

［美］Merton, R. K.（默顿，1910 – ）：《Social Theory and Social Structure》（《社会理论和社会结构》），1949（E）<创立社会学 Merton 理论>

86 法律

各国各代宪法和法典<全面代表人类的主要意志>

［希］Πλατωυ（Platon，柏拉图，c. 428BC － c. 347BC）：《Νομαι η περι νομοθεσιας》(《Leges》,《法律论》)，c. 350BC(G) <奠定法学>

［荷兰］Grotius，H.（格老秀斯，1583 － 1645）：《Mare liberum》(《海上自由》)，1609(L)，《De jure belli ac pacis》(《战争与和平法》)，1625(L) <奠定国际法学>

*［法］Montesquieu，C. L.（孟德斯鸠，1689 － 1755）：《De L' esprit des lois》(《论法的精神》)，1748(F) <确立西方法治学说>

［法］Morelly（摩莱里，c. 1720 － 1769）：《Code de la nature》(《自然法典》)，1775(F) <代表理想化法制思想>

［英］Bentham，J.（边沁，1748 － 1832）：《An Introduction to the Principles of Morale and Legistation》(《道德与立法原理导论》)，1789(E) <代表功利主义法制思想>

［德］Hegel，G. W. F.（黑格尔，1770 － 1831）：《Grundliien der Philosophie des Rechts》(《法哲学原理》)，1821(D) <代表法制哲学思想>

［英］Maine，H. J. S.（梅因，1822 － 1888）：《Ancient Law》(《古代法》)，1861(E) <确立历史法学，奠定比较法学>

［美］Holmes，O. W.（霍姆斯，1841 － 1935）：《The Common Law》(《普通法》)，1881(E) <代表实用主义法学>

*［德］Oppenheim，L. F. L.（奥本梅，1858 － 1919）：《International Law》(《国际法》)，1905 － 06(E) <集国际法学之精要>

［美］Pound，R.（庞德，1870 － 1964）："The scope and purpose of sociological jurisprudence"("社会学法学的范围和目的")，Harvard Law Review，24：591 － 619，1911(E)；25：140 － 168，489 － 516，1912(E) <奠定社会法学>

［美］Kelsen，H.（凯尔森，1881 － 1973）：《Reine Rechtslehre》(《纯粹法学》)，1934(D) <确立纯粹法学即规范法学>

87　军事

［中(春秋)］孙武(c. 510BC)：《孙子兵法》，c. 500BC(C)；［中(战国)］孙膑(c. 350BC)：《孙膑兵法》，c. 350BC(C) <代表中国古代军事思想>

［中］毛泽东(1893 － 1976)：《中国革命战争的战略问题》，1936(C)，《抗日游

击战争的战略问题》,1938(C),《论持久战》,1938(C),《战争和战略问题》,1938(C) <代表毛泽东军事思想>

[德] Clausewitz, K. (克劳塞维茨,1780 - 1831):《Vom Kriege》(《战争论》),1832(D) <代表西方军事思想>

[美] Mahan, A. T. (马汉,1840 - 1914):《The Influence of Sea Power upon History, 1660 - 1783》(《论制海权》),1890(E) <奠定海权学说>

[英] Mackinder, H. J. (麦金德,1861 - 1947):《The Geographical Pivot of History》(《历史的地理枢纽》),1904(E) <奠定陆权学说和地缘政治学>

[意] Douhet, G. (杜黑,1869 - 1930):《Il dominio dell' aria》(《论制空权》),1921(I) <奠定制空权学说>

88 教育

[中(春秋)]孔丘(551BC - 479BC)等:《礼记》,c. 500BC(C) <代表古代教育思想>

[捷克] Comenius, J. A. (夸美纽斯,1592 - 1670):《Didactica magna》(《大教学论》),1631(L) <确立教育学理论体系>

[法] Rousseau, J. J. (卢梭,1712 - 1778):《Émile, Ou de l' éducation》(《爱弥尔或论教育》),1762(F) <提出自然教育学说>

[英] Spencer, H. (斯宾塞,1820 - 1903):《Education: intellectual, moral and physical》(《教育论》),1861(E) <确立实科教育理论>

[俄] Ушинский, К. Д. (乌申斯基,1824 - 1870):《Человеккак предмет воспитания》(《人是教育的对象(即教育人类学第1卷)》),1867(P) <提出将教育学建立在心理科学基础上的思想>

[美] Dewey, J. (杜威,1859 - 1952):《Democracy and Education》(《民主主义与教育》),1916(E) <确立实用主义教育学>

91 语言,文字

[古希腊] Thrax, D. (特拉克斯,c. 1000BC 前后):(《读写技巧》),c. 1000BC(G) <奠定西方语法学>

［中（清）］马建忠（1845－1900）：《马氏文通》，1898（C）<奠定汉语语法学>

［印］Panini（波尼尼，c. 400BC 前后）：《Panini－sutra》（《波尼尼经（即八卷书）》），c. 400BC（V）<奠定梵语语法学即声明学>

［德］Humboldt, K. W.（洪堡特，1767－1835）：《Einteitung über die Verschiedenheit des menschlichen Sprachbaues und ihren Einfluss auf die geistige Entwicklung des Menschengeschlechts》（《论人类语言结构的差异及其对人类精神发展的影响》），1836（D）<奠定普通语言学>

［德］Paul, H.（保尔，1846－1921）：《Prinzipien der Sprachgeschichte》（《言语史原理》），1881（D）<代表比较语言学>

［瑞士］Saussure, F.（索绪尔，1857－1913）之学生：《Cours de linguistique générale》（《普通语言学教程》），1916（F）<奠定现代语言学>

［美］Sapir, E.（萨丕尔，1884－1939）：《Language：an introduction to the study of speech》（《语言论》），1921（E）<开拓用人类学、社会学和心理学知识研究语言>

［美］Bloomfield, L.（布龙菲尔德，1887－1949）：《Language》（《语言论》），1933（E）<奠定描述语言学>

［俄］Трубецкой, Н. С.（特鲁别茨科依，1890－1938）：《Grundzüge der Phonologie》（《音位学原理》），1939（D）<代表功能语言学>

［美］Harris, Z. S.（哈里斯，1909－）：《Mehtods in Structural Lingustics》（《结构语言学的方法》），1951（E）<集结构语言学之大成>

*［美］Chomsky, A. N.（乔姆斯基，1928－）：《Syntactic Structure》（《句法结构》），1957（E），《Aspects of the Theory of Syntax》（《句法理论的各方面》），1965（E）<创立转换生成语法学>

92　文学

各民族神话传说<代表人类萌芽文化>

*［希］Aisopos（伊索，c. 600BC 前后）：（《伊索寓言》）（G）；［法］La Fontaine, J.（拉封丹，1621－1695）：《Les Fables》（《寓言诗》），1668－94（F）；［俄］Крылов, И. А.（克雷洛夫，1768－1844）：（《寓言集》）（P）<代表寓言>

*［中］（明）罗贯中（c. 1330－1400）：《三国演义》；（明）施耐庵（c. 1380 前

后):《水浒传》;(明)吴承恩(c. 1500 - 1582):《西游记》;(明)抱翁老人(c. 1600前后):《今古奇观》(三言二拍选本,短集);(清)蒲松龄(1640 - 1715):《聊斋志异》(短集);(清)吴敬梓(1701 - 1754):《儒林外史》;(清)曹雪芹(c. 1715 - 1764)& 高鹗(c. 1738 - 1815):《红楼梦》;(清)李宝嘉(1867 - 1907):《官场现形记》;(现代)鲁迅(1881 - 1936):《阿 Q 正传》;(现代)茅盾(1896 - 1981):《子夜》;(现代)巴金(1904 - 2005):《家》,(C) <代表汉语小说>

*[中](周)《诗经》;(战国)屈原(c. 340BC - 278BC)等:《楚辞》;《古诗十九首》;(汉)"孔雀东南飞";(魏)曹操(115 - 220):"短歌行","步出夏门行 · 观沧海","步出夏门行 · 龟虽寿";(魏)曹丕(187 - 226):"燕歌行";(东晋)陶渊明(365 - 427):"归园田居(五首)";(北朝)"木兰诗";(唐)王勃(650 - 676):"送杜少府之任蜀州";(唐)张若虚(c. 660 - 720):"春江花月夜";(唐)王之涣(688 - 742):"登鹳雀楼","凉州词";(唐)王昌龄(698 - 756):"出塞";(唐)王翰:"凉州词";(唐)王维(701 - 761):"山居秋暝","竹里馆","相思","渭城曲","九月九日忆山东兄弟";(唐)崔颢(c. 704 - 754):"黄鹤楼";(唐)李白(701 - 762):"蜀道难","将进酒","长干行","静夜思","望庐山瀑布","早发白帝城","送孟浩然之广陵","登金陵凤凰台","西上莲花山";(唐)杜甫(712 - 770):"兵车行","新婚别","石壕吏","春望","登高","八阵图","登岳阳楼","蜀相","春夜喜雨","羌村(三首)","秋兴(八首)";(唐)刘长卿(709 - 780):"逢雪宿芙蓉山主人";(唐)韩:"寒食";(唐)白居易(772 - 846):"琵琶行","长恨歌","草","遗爱寺","暮江吟";(唐)柳宗元(773 - 819):"登柳州城楼寄漳汀封连四州","江雪";(唐)刘禹锡(772 - 842):"乌衣巷","竹枝词";(唐)杜牧(803 - 852):"泊秦淮","江南春","清明","山行","过华清宫";(唐)李绅(772 - 846):"悯农(二首)";(宋)范仲淹(989 - 1052):"江上渔者";(宋)王安石(1021 - 1086):"泊船瓜州","元日"(宋)苏轼(1036 - 1101):"游金山寺","题西林壁","饮湖上初晴后雨";(宋)李清照(1084 - 1151):"题八咏楼";(宋)陆游(1125 - 1210):"书愤","沈园(二首)","游山西村","十一月四日风雨大作";(宋)叶绍翁:"游园不值";(宋)文天祥(1236 - 1282):"过零丁洋","正气歌";(金)元好问(1190 - 1257):"横波亭为青口帅赋";(元)赵孟頫(1254 - 1322):"钱塘怀古";(明)杨基(1326 - 1378):"咏岳阳楼";(明)于谦(1398 -

1457)："石灰吟"；(明)李梦阳(1473－1530)："秋望"，"游岳麓寺"；(明)王世贞(1526－1590)："登太白楼"；(明)顾炎武(1613－1682)："八尺"；(清)施闰章(1618－1683)："钱塘观潮"；(清)袁牧(1716－1798)："莫愁湖"；(清)黄景仁(1749－1783)："秦淮"；(清)张维屏(1780－1859)："三元里"；(清)龚自珍(1792－1841)："咏史"；(近代)洪秀全(1814－1864)："吟剑"；(近代)谭嗣同(1865－1898)："有感一章"；(现代)鲁迅(1881－1936)："自嘲"(C)<代表汉语格律诗>

*[中](唐)李白(701－762)："忆秦娥"；(唐)白居易(772－846)："忆江南"；(十国)李煜(937－979)："虞美人"，"相见欢"，"浪淘沙"；(北宋)晏殊(991－1055)："浣溪沙"；(北宋)晏几道(c. 1030－1106)："临江仙"；(北宋)范仲淹(989－1052)："渔家傲"；(北宋)柳永(c. 987－1053)："八声甘州"，"望海潮"，"雨霖铃"；(北宋)王安石(1021－1086)："桂枝香"；(北宋)秦观(1049－1100)："鹊桥仙"；(北宋)周邦彦(1057－1121)："兰陵王柳"；(南宋)李清照(1084－1151)："声声慢"，"醉花阴"，"武陵春"，"如梦令(二首)"；(南宋)张元千(1091－1160)："贺新郎"；(南宋)岳飞(1102－1141)："满江红"；(南宋)陆游(1125－1210)："诉衷情"，"钗头凤"；(南宋)张孝祥(1132－1169)："六州歌头"；(南宋)辛弃疾(1140－1207)："水龙吟·赏心亭"，"水龙吟·过剑南双溪楼"，"南乡子"，"永遇乐·京口北固亭怀古"；(南宋)姜夔(c. 1155－1220)："扬州慢"；(南宋)吴文英(c. 1200－1260)："唐多令"；(元)刘秉忠(1216－1274)："木兰花慢·混一后赋"；(明)夏完淳(1631－1647)："烛影摇红"；(清)陈维崧(1625－1682)："醉落魄·咏鹰"；(现代)毛泽东(1893－1976)："沁园春·雪"(C)<代表汉语词>

[中](元)关汉卿(c. 1235－1285)："南吕·一枝花·不伏老"(套)；(元)马致远(c. 1250－1321)："越调·天净沙·秋思"，"双调·夜行船·秋思"(套)；(元)张养浩(1270－1329)："中吕·山坡羊·潼关怀古"；(元)张可久(c. 1270－1340)："正宫·醉太平·叹世"，"中吕·卖花声·怀古"；(元)钟嗣成(c. 1279－1360)："南吕·骂玉郎带感皇恩采茶歌"；(元)乔吉(c. 1280－1345)："双调·卖花声·悟世"，"双调·水仙子·重观瀑布"；(元)贯云石(1286－1324)："正宫·塞鸿秋"，"双调·清江引"；(元)徐再思(c. 1300 前后)："双调·水仙子·夜

雨”;(元)邓玉宾(c. 1300 前后):“双调·雁儿落带得胜令”;(元)睢景臣(c. 1300 前后):“般涉调·哨遍·高祖还乡”(套);(明)王磐(c. 1470 – 1530):“中吕·朝天子·咏喇叭”;(明)金銮(c. 1530 前后):“双调·沉醉东风·忧旱”(C) <代表汉语曲>

[中](西汉)贾谊(200BC – 168BC):“鹏鸟赋”;(西汉)司马相如(179BC – 117BC):“子虚赋”,“上林赋”;(西汉)扬雄(53BC – 18AD):“太玄赋”;(东汉)张衡(78 – 139):“归田赋”;(东汉)赵壹(c. 150 前后):“刺世疾邪赋”;(南朝)江淹(446 – 505):“别赋”;(北宋)欧阳修(1007 – 1072):“秋声赋”;(北宋)苏轼(1036 – 1101):“前赤壁赋”,”后赤壁赋”(C) <代表汉语赋>

[中(清)] 孙髯(1701 – 1775):“昆明大观楼长联”(C) <代表汉语对联>

[中](蜀)诸葛亮(181 – 234):“前出师表”;(东晋) 陶渊明(365 – 427):“桃花源记”;(唐)王勃(650 – 676):“滕王阁序”;(唐)韩愈(768 – 824):“杂说(四篇)”;(唐)柳宗元(773 – 819):“永州八记(八篇)”;(北宋)范仲淹(989 – 1052):“岳阳楼记”;(北宋)欧阳修(1007 – 1072):“醉翁亭记”;(近代)梁启超(1873 – 1929):“少年中国说” (C) <代表汉语叙事文学与抒情文学的结合>

[中](元)关汉卿(c. 1235 – 1285):《窦娥冤》;(元)王实甫(c. 1230 – 1310):《西厢记》;(明)汤显祖(1550 – 1616):《牡丹亭》;(明)梁辰鱼(c. 1521 – 1594):《浣纱记》;(清)孔尚任(1648 – 1718):《桃花扇》;(清)洪昇(1645 – 1704):《长生殿》;(现代)曹禺(1910 – 1996):《雷雨》,《日出》(C) <代表汉语戏剧>

[中(南朝·梁)] 刘勰(c. 465 – 522):《文心雕龙》,c. 500 (C) <代表汉语文学评论>

[日] 紫式部(c. 1000 前后):《源氏物语》;二叶亭四迷(1864 – 1909):《浮云》,1887;夏目漱石(1867 – 1916):《我是猫》,1905(J) <代表日语小说>

[日]《万叶集》:松尾芭蕉(1944 – 1694)等:《七部集》(J) <代表日语诗歌>

[朝鲜]《春香传》(Kr) <代表朝鲜语文学>

[印] 泰戈尔(1861 – 1941):《戈拉》,1910(M) <代表孟加拉语文学>

[印] 金德·伯尔达依:《地王颂》(长诗)(Y) <代表印地语文学>

[阿拉伯]《一千零一夜》(《天方夜谭》)(A) <代表阿拉伯语文学>

*[希] Ομηρος (Homeros,荷马 c. 800BC 前后):《Ιλιαδος 》(《iliados》,《伊

利亚特》),《 ‘Ουδσσεια》(《Odysseia》,《奥德赛》),c. 800BC(G);[罗] Vergilius Maro, Publius (维吉尔,70BC – 19BC):《Aeneis》(《伊尼德》),30BC – 19BC(L) <代表古代史诗>

[希] Αισχυλος (Aiskhylos, 埃斯库罗斯, c. 525BC – 456BC):《Προμηθευs δεσμωτηs 》(《Prometheus desmotes》,《被缚的普罗米修斯》),c. 478BC(G);[希] Σοφοκλεηs (Sophokles, 索福克勒斯, c. 496 – 406BC):《 Οιδιπουs τυραννοs 》(《Oidipous Tyrannos》,《俄狄浦斯王》),c. 431BC(G);[希] Ευριπιδηs (Euripides, 欧里庇得斯, c. 485BC – 406BC):(《Μηδεια》,《美狄亚》),431BC(G);[希] ’Αριστοφαυηs (Aristophanes, 阿里斯托芬, c. 446BC – 385BC):《’ Ορυιδεs 》(《Ornites》,《鸟》),414BC(G) <代表古代戏剧>

*[英]《Beowulf》(《贝奥武甫》),c. 800(E);[法]《La chanson de Roland》(《罗兰之歌》),c. 1080(F);[西]《La cid》(《熙德》),c. 1140(S);[俄]《Слово о полку Игореве》(《伊戈尔远征记》),1185 – 87(P);[德]《Das Nibelungenlied》(《尼伯龙根之歌》),c. 1200(D);[芬兰]《Kalevala》(《卡列瓦拉》),1849(Fn) <代表中古英雄史诗>

*[意] Dante Alighièri (但丁,1265 – 1321):《La Divina Commedia》(《神曲》),c. 1307 – 20(I) <中古文学高峰,代表意语诗歌>

[意] Boccaccio, G. (薄伽丘,1313 – 1375):《Il Decameron》(《十日谈》),1348 – 53(I);[意] Givagnoli, R. (乔万奥尼,1838 – 1915):《Il Spartaco》(《斯巴达克》),1874(I) <代表意语小说>

[意] Goldoni, C. (哥尔多尼,1707 – 1793):《La Locandiera》(《女店主》),1753(I),《Le Baruffe Chiozzotte》(《乔嘉人的争吵》),1762(I) <代表意语戏剧>

*[法] Rabelais, F. (拉伯雷, c. 1495 – 1553):《Gargantua et Pantagruel》(《巨人传》),1532 – 62(F);Voltaire (伏尔泰,1694 – 1778):《Candide ou L’ optimisme》(《老实人》),1759(F);Rousseau, J. J. (卢梭,1712 – 1778):《La nouvelle Héloïse》(《新爱洛绮丝》),1761(F);Stendhal(司汤达,1783 – 1842):《Le rouge et le noir》(《红与黑》),1830(F);Balzac, H. (巴尔扎克,1799 – 1850):《Le Père Goriot》(《高老头》),1834(F),《Les illusions perdues》(《幻灭》),1837 – 43(F);Huge, V. (雨果,1802 – 1885):《Les Misérables》(《悲惨世界》),1862(F);Flaubert, G. (福楼拜,

1821－1880)：《Madame Bovary》(《包法利夫人》),1851－56(F)；Verne,J.(凡尔纳,1828－1905)：《20,000 lieues sous les mers》(《海底两万里》),1870(F)；Maupassant,G.(莫泊桑,1850－1893)："La Parure"("项链"),《Bel－ami》(《俊友》),1885(F)；Zola,E.(左拉,1840－1902)：《Germinal》(《萌芽》),1885(F)；Rolland,Romain(罗曼·罗兰,1866－1944)：《Jean Christophe》(《约翰·克里斯朵夫》),1904－12(F) <代表法语小说>

[法]Corneille,P.(高乃依,1606－1684)：《Le Cid》(《熙德》),1636(F)；Molière(莫里哀,1622－1673)：《La Tartuffe》(《伪君子》),1664－69(F),《L' Avare》(《吝啬鬼》),1668(F)；Racine,J. B.(拉辛,1639－1699)：《Andromaque》(《安德珞玛刻》),1667(F),《Phèdre》(《费德尔》),1677(F) <代表法语戏剧>

[法] Hugo,V.(雨果,1802－1885)：《Les feuilles d' automne》(《秋叶集》),1831(F)；Pottier,E.(鲍狄埃,1816－1888)："L' Internationale"("国际歌"),1871(F) <代表法语诗歌>

*[英] Defoe,D.(笛福,c. 1660－1731)：《Robinson Crusoe》(《鲁滨孙漂流记》),1719(E)；Swift,J.(斯威夫特,1667－1745)：《Gulliver' s Travels》(《格列佛游记》),1725－26(E)；Fielding,H.(菲尔丁,1707－1754)：《The History of Tom Jones,a foundling》(《汤姆·琼斯》),1749(E)；Dickens,Ch.(狄更斯,1812－1870)：《Hard Times》(《艰难时世》),1854(E)；Thackeray,W. M.(萨克雷,1811－1863)：《Vanity Fair》(《名利场》)；1848(E)；Bronte,Charlotte(夏洛蒂·勃朗特,1816－1855)：《Jane Eyre》(《简爱》),1847(E)；Hardy,Th.(哈代,1840－1928)：《Tess of the D' Urbervilles》(《苔丝》),1891(E)；Wells,H. G.(威尔斯,1866－1946)：《The Time Machine》(《时间机器》),1895(E)；[苏格兰] Scott,W.(司各特,1771－1832)：《Rob Roy》(《罗伯·罗伊》),1817(E)；[美] Cooper,J. F.(库柏,1789－1851)：《The Last of the Mohicans》(《最后的莫希干人》),1826(E)：Hawthorne,N.(霍桑,1804－1864)：《The Scarlet Letter》(《红字》),1850(E)；Melville,H.(麦尔维尔,1819－1891)：《Moby Dick》(《白鲸》),1851(E)；Stowe,H. B.(斯托,1811－1896)：《Uncle Tom's Cabin》(《汤姆叔叔的小屋》),1852(E)；Twain,Mark(马克·吐温,1835－1910)：《The Adventures of Huckleberry Finn》(《哈克贝利·费恩历险记》),1884(E),"The 1,000,000 Bank－Note"("百万英镑"),1893

(E);Howells,W. D.(豪威尔斯,1837－1920):《The Rise of Silas Laphan》(《塞拉·拉克的发迹》),1885(E);Henry,O.(欧·亨利,1862－1910):《The Four Million》(《四百万》,短集),1906(E);London,Jack(杰克·伦敦,1876－1916)《The Iron Heel》(《铁蹄》),1908(E);Dreiser,T.(德莱塞,1871－1945);《An American Tragedy》(《美国的悲剧》),1925(E);Hemingway,E.(海明威,1899－1961):《The Old Man and the Sea》(《老人与海》),1952(E)<代表英语小说>

*[英] Chaucer,G.(乔叟,c. 1340－1400):《The Canterbury Tales》(《坎特伯雷故事》),1387－1400(E);Shakespeare,W.(莎士比亚,1564－1616):《Sonnets》(《十四行诗》,集),1592－98(E);Milton,J.(弥尔顿,1608－1674):《Paradise Lost》(《失乐园》),1667(E);Pope,A.(蒲柏,1688－1744):《Moral Essays》(《道德论》),1731－35(E);Byron,G. G.(拜伦,1788－1824):《Childe Harold's Pilgrimage》(《恰尔德·哈罗德游记》),1812－18(E);Shelley,P. B.(雪莱,1792－1822):《Prometheus Unbound》(《解放了的普罗米修斯》),1819(E),"Ode to West Wind"("西风颂"),1819(E),"Ode to a Skylark"("云雀颂"),1820(E);Keats,J.(济慈,1795－1821):"To Autumn"("秋日颂"),1819(E);[苏格兰] Burns,R.(彭斯,1759－1796):"The Tree of Liberty"("自由树"),"My Heart's in the Highlands"("我的心在高原"),"A Red,Red Rose"("一朵红红的玫瑰"),1786(E);[美] Whitman,W.(惠特曼,1819－1892):《Leaves of Grass》(《草叶集》),1855(E)<代表英语诗歌>

*[英] Shakespeare,W.(莎士比亚,1564－1616):《Henry IV》(《亨利四世》),1596－97(E),《As You Like It》(《皆大欢喜》),1600(E),《Hamlet》(《哈姆雷特》),1601(E);[爱尔兰] George Bernard Shaw(肖伯纳,1856－1950):《Mrs. Warren's Proffession》(《华伦夫人的职业》),1894(E)<代表英语戏剧>

*[德] Goethe,J. W.(歌德,1749－1832):《Faust》(《浮士德》),1773－1831(D)<近代西方文学高峰,代表史诗与戏剧的融合>

[德] Goethe,J. W.(歌德,1749－1832):《Wilheim Meisters Lehrjahre》(《威廉·迈斯特学习时代》),1795－96(D);Mann,Thomas(托马斯·曼,1875－1755):《Buddenbrooks》(《布登勃洛克一家》),1901(D);Mann,Heinrich(亨利希·曼,1871－1950):《Der Untertan》(《臣仆》),1918(D)<代表德语小说>

［德］Goethe, J. W.（歌德, 1749 – 1832）："Mailied"（"五月之歌"）, 1771（D）; Heine, H.（海涅, 1797 – 1856）：《Duch der Lieder》（《诗歌集》）, 1827（D），《Deutschland – Ein Wintermärchen》（《德国——一个冬天的童话》）, 1844（D）; Weerth, G.（维尔特, 1822 – 1856）：《Lieder aus Lancashire》（《兰卡郡之歌》，组诗）, 1845（D）<代表德语诗歌>

［德］Lessing, G. E.（莱辛, 1729 – 1781）：《Emilia Galotti》（《爱米丽·迦洛蒂》）, 1757 – 71（D），《Minna von Barnhelm》（《明娜·冯·巴尔赫姆》）, 1767（D），《Nathan der Weise》（《智者纳旦》）, 1779（D）; Schiller, J. C. F.（席勒, 1759 – 1805）：《Kabale und Liebe》（《阴谋与爱情》）, 1783（D），《Die Rauber》（《强盗》）, 1780（D）<代表德语戏剧>

*［俄］Пушкин, А. С.（普希金, 1799 – 1837）：《Капитанскаядочка》（《上尉的女儿》）, 1837（P）; Лермонтов, М. Ю.（莱蒙托夫, 1814 – 1841）：《Герой нащего времени》（《当代英雄》）, 1840（P）; Гоголь, Н. В.（果戈理, 1809 – 1852）：《Мёртвые дущи》（《死魂灵》）, 1842（P）; Гончаров, И. А.（冈察洛夫, 1812 – 1891）：《Обломов》（《奥勃洛摩夫》）, 1849 – 59（P）; Тургенев, И. С.（屠格涅夫, 1818 – 1883）：《Отцы и дети》（《父与子》）, 1826（P）; Чернышевский, Н. Г.（车尔尼雪夫斯基, 1828 – 1889）：《Что делать?》（《怎么办?》）, 1863（P）; Толстой, Л. Н.（列夫·托尔斯泰, 1828 – 1910）：《Война и мир》（《战争与和平》）, 1963 – 69（P），《Анна Каренина》（《安娜·卡列尼娜》）, 1873 – 77（P）; Чехов, А. П.（契诃夫, 1860 – 1904）："Хамелеон"（"变色龙"）, 1884（P），"Человек в футляре"（"套中人"）, 1898（P）;［苏］Горъкий, М.（高尔基, 1868 – 1936）：《Мать》（《母亲》）, 1906（P）<代表俄语小说>

［俄］Пушкин, А. С.（普希金, 1799 – 1837）：《Евгений Онегин》（《叶甫盖尼·奥涅金》）, 1833（P），"Вольность"（"自由颂"）, 1817（P）; Лермонтов, М. Ю.（莱蒙托夫, 1814 – 1841）：《Мцыри》（《童僧》）, 1840（P），"Родина"（"祖国"）, 1841（P）; Некрасов, Н. А.（涅克拉索夫, 1821 – 1877）：《Кому на Русн жить хорошо》（《谁在俄罗斯能过好日子》）, 1863 – 76（P），《Мороз, красный нос》（《严寒，通红的鼻子》）, 1863（P）<代表俄语诗歌>

［俄］Островский, А. Н.（亚·奥斯特洛夫斯基, 1823 – 1886）：《Гроза》（《大

雷雨》),1860(P);Горький,M.(高尔基,1868 - 1936):《На дне》(《底层》),1902(P)<代表俄语戏剧>

[俄] Горький,M.(高尔基,1868 - 1936):"Песня о буревестнике"("海燕之歌"),1901(P)<代表俄语散文诗>

*[西] Cervantes Saavedra,M.(塞万提斯,1547 - 1616):《El Ingenioso Hidelgo Don Quijote de la Mancha》(《堂·吉诃德》),1605 - 15(S);[哥伦比亚] Marquez,G. G.(马尔克斯,1927 - 2014):《Cien Anosde Soledad》(《百年孤独》),1967(S)<代表西班牙语文学>

*[丹麦] Andersen ,H. C.(安徒生):(《童话集》)(Dn);[波兰] Michiewicz,A.(密茨凯维支,1798 - 1855):《Pan Tadeusz》(《塔杜施先生》,史诗),1832 - 34(Po);[匈牙利] Petöfi Sándor(裴多菲,1823 - 1849):"Nemzeti dal"("民族之歌"),《Az apostol》(《使徒》,长诗),1848(Hu);[挪威] Ibsen,H. J.(易卜生,1828 - 1906):《Et Dukkehjem》(《玩偶之家》,戏剧),1879(No);[巴西] Cunha,E.(库尼亚,1866 - 1909):《Os Sertões》(《腹地》,小说),1902(Pu);[捷克] Hasěk,J.(哈谢克,1883 - 1923):《Osudy dobre' ho voja' ka Švejka》(《好兵帅克》,小说),1921(Cz)<代表"小"语种文学>

[英] Richards,I. A.(里查兹,1893 - 1979):《Principles of Literary Criticism》(《文学批评原理》),1924(E),[美] Wellek,R.(韦勒克,1903 -):《Theory of Literature》(《文学理论》),1942(E)<代表西方文学理论>

93　音乐

各国国歌<人类意志与情感在音乐中的体现>

*[中] 古琴曲:高山,流水;琵琶曲:十面埋伏,大浪淘沙;筝曲:渔舟唱晚,汉宫秋月;二胡曲:空山鸟语,光明行,二泉映月;笛曲:花香蜂舞;江南丝竹:三六,欢乐歌;广东音乐:雨打芭蕉,旱天雷;民族器乐:春江花月夜,步步高;[日] 筝曲:戏水,春之海<代表东方音乐>

*[德] Bach,J. S.(巴赫,1685 - 1750):平均律钢琴曲集;[德] Handel,G. F.(韩德尔,1685 - 1759):水上音乐管弦乐组曲;[奥] Haydn,F. J.(海顿,1732 - 1809):第104(伦敦)交响曲12部,第45(告别)交响曲,op. 76& op. 77(八首四重

奏);[奥] Mozart,W. A.(莫扎特,1756 - 1791):K. 542(^{b}E 大调第 39 交响曲),K. 550(g 小调第40 交响曲),K. 551[C 大调第41(周比特)交响曲],K. 293(双簧管协奏曲),K. 331(A 大调钢琴奏鸣曲);[德] Beethoven,L.(贝多芬,1770 - 1827):op. 55[E 大调 第 3(英雄)交响曲],op. 67[c 小调第 5(命运)交响曲],op. 13[c 小调 第 8(悲怆)钢琴奏鸣曲],op. 57[f 小调(热情)钢琴奏鸣曲]op. 73[E 大调第 5(皇帝)钢琴协奏曲];[奥] Schubert,F.(舒伯特,1797 - 1828):[b 小调第 8(未完成)交响曲],[C 大调第 9 交响曲],[军队进行曲];[法] Berlioz,H.(柏辽兹,1803 - 1869):[幻想交响曲],[葬礼与凯旋交响曲];[德] Mendelssohn - Bartholdy,F.(门德尔松,1809 - 1847):op. 56[a 小调第 3(苏格兰)交响曲],op. 90[第 4(意大利)交响曲][波兰] Chopin,F. F.(肖邦,1810 - 1849):op. 30 & op. 33 & op. 41 & op. 59 & op. 63(玛祖卡舞曲),op. 40 & op. 53 & op. 61(波洛涅兹舞曲),op. 15 No. 2 & op. 48 No 1(夜曲);[德] Schumann,R.(舒曼,1810 - 1856):op. 9(狂欢节套曲),op. 17(C 大调幻想曲);[德] Wagner,R.(瓦格纳,1813 - 1883):歌剧《女武神》,《名歌手》音乐;[匈牙利] Liszt Ferencz(李斯特,1811 - 1886):交响诗塔索,浮士德交响曲;[捷克] Smetana,B.(斯美塔那,1824 - 1884):波尔卡 4 首,交响诗:我的祖国;[奥] Strauss,J.(约翰·施特劳斯,1825 - 1899):圆舞曲:蓝色的多瑙河,春之声,皇帝,维也纳森林的故事,艺术家的生涯;[德] Brahms,J.(勃拉姆斯,1833 - 1897):a 小调小提琴,大提琴二重协奏曲,op. 87(钢琴三重奏),op. 111(弦乐五重奏),op. 115(单簧管五重奏);[捷克] Dvorák,A.(德沃夏克,1841 - 1904):op. 95[e 小调第 9(自新大陆)交响曲],捷克组曲;[挪威] Grieg,E.(格里格,1843 - 1907):op. 7(e 小调钢琴奏鸣曲),op. 16(a 小调钢琴协奏曲)[法] Debussy,C.(德彪西,1862 - 1918):牧神午后(前奏曲),意象(管弦乐),大海(管弦乐组曲);[巴西] Oswald,H.(奥斯瓦德,1852 - 1931):C 大调交响曲,雪(钢琴曲);[芬兰] Sibelius,J.(西贝柳斯,1865 - 1957):芬兰颂(音诗),d 小调小提琴协奏曲;[奥] Schonberg,A.(勋柏格,1874 - 1951):弦乐六重奏:净化之夜;[美] Ives,C.(伊文思,1874 - 1954):宇宙交响曲;[罗马尼亚] Enescu,G.(埃奈斯库,1881 - 1955):罗马尼亚狂想曲;[俄] Бородин,А. П.(鲍罗廷,1833 - 1887):交响音画:在中亚细亚草原上;[俄] Чайковский,П. И.(柴可夫斯基,1840 - 1893):第 6(悲怆)交响曲,(舞剧《天鹅湖》音乐;[俄]

Римский – Корсаков, Н. А.（里姆斯基 – 科萨科夫,1844 – 1908）:交响组曲:天方夜谭;［俄］Скрябин, А. Н.（斯克里亚宾,1872 – 1915）:op. 54（管弦乐:狂喜之诗）, op. 19(#g 小调第 2 奏鸣曲) <代表西方音乐>

94 美术

各国国旗和国徽图案 <人类思想在美术中的综合表现>

*［中］（东晋）顾恺之(346 – 407):女史箴图;(隋)展子虔(c. 550 – 604):游春图;(唐)阎立本(c. 600 – 673):送子天王图;(唐)韩滉(723 – 787):五牛图;(五代十国)顾闳中(950 前后):韩熙载夜宴图;(五代十国)赵干(c. 950 前后):江行初雪图;(北宋)武宗元(c. 990 – c. 1050):朝元仙仗图;(北宋)王希孟(1096 – c. 1117):千里江山图;(北宋)张择端(c. 1120 前后):清明上河图;(北宋)范宽(c. 960 – c. 1026):溪山行旅图;(北宋)李公麟(1049 – 1106):维摩演教图;(北宋)米友仁(1086 – 1165):潇湘奇观图;(南宋)梁楷:泼墨神仙图;(南宋)夏圭:万里长江图;(元)黄公望(1269 – 1355):富春山居图;(明)仇英(1493 – 1560):羲之观鹅图;(明)唐寅(1470 – 1523):李端端图;(清)华 (1682 – c. 1762):天山积雪图;(清)郑燮(1693 – 1765):兰竹图;［日］雪舟(1420 – 1506):山水长卷;［日］狩野元信(1476 – 1559):松竹梅;［日］安藤广重(1797 – 1858):江户名胜百景 <代表东方绘画>

［中(清)］朗士宁(1688 – 1766):百骏图 <代表东西方画法的融合>

*［意］Botticelli, S.（波提切利,1445 – 1510）:春,维纳斯诞生,诽谤;［意］Da Vinci, L.（达・芬奇,1452 – 1519）:最后的晚餐,蒙娜丽莎,岩窟圣母;［意］Michelangelo Buonarroti(米开朗琪罗,1475 – 1564):创世纪,最后的审判;［意］Giorgione（乔尔乔内, c. 1478 – 1510）:田园合奏;［意］Raffaello Sanzio（拉斐尔,1483 – 1520）:雅典学堂,西斯廷圣母;［意］Tiziano, V.（提香,1490 – 1576）:人间的爱与天上的爱;［意］Tintoretto, J. R.（丁托列托,1518 – 1594）:天国银河的诞生;［意］Caravaggio, M. M.（卡拉瓦乔, c. 1573 – 1610）:马太的神召;［法］Boucher, F.（布歇,1703 – 1770）:维纳斯的胜利;［法］David, J. L.（大卫,1748 – 1825）:荷拉斯兄弟之誓;［法］Ingres, J. A. D.（安格尔,1780 – 1867）:泉;［法］Delacroix, E.（德拉克洛瓦,1798 – 1863）:自由女神领导人民;［法］Millet, J. F.（米勒,1814 – 1875）:

拾穗者;[德] Friedrich,C. D.(弗里德里希,1774 -1840):海洋上月亮初升;[西] Velazquez,D. R.(鲁本斯,1577 -1640):劫夺列其普的女儿,画家及其妻;[荷兰] Rembrandt Harmensz(伦勃朗,1606 -1669):杜普教授的解剖学课;[美] Whistler, J. A. M.(惠司勒,1834 -1903):白衣少女;[加] Morrice,J. W.(莫里斯,1865 -1924):魁北克冬景;[法] Monet,C.(莫奈, 1840 -1926):日出印象,草地午餐;[法] Renoir,P. A.(雷诺阿,1841 -1919):包厢,红磨坊街的舞会;[俄] Репин, И. Е.(列宾,1844 -1930):伏尔加河纤夫,不期而至;[俄] Левитан,И. И.(列维坦,1861 -1900):夏季的傍晚;[西] Picassio,P.(毕加索,1881 -1973):格尔尼卡 <代表西方绘画>

96　电影

*[德] 卡里加博士,1919;[苏] 战舰波将金号,1925;[美] 摩登时代,1936;[法] 大幻灭,1937;[美] 公民凯恩,1941;[日] 雨月物语,1953;[美] 音乐之声,1965 <代表电影艺术>

以上经典文献体系构成代表人类知识和文化的文献之核心部分,但并非完美无缺,由于资料所限和原作分散,造成不少著名学者的功勋被遗漏,至少有:[挪威] Lie,M. S. 对抽象代数的贡献,[法] Fréchet,M. 对泛函分析的贡献,[法] Poincaré,J. H. 对拓扑学的贡献,[瑞士] Fredholm,E. I. 对积分方程论的研究,[苏] Марков,A. A. 对随机过程论的研究,[德] Gödel,K. 和 Cohen,P. J. 对数学基础的研究,[德] Clausius,R. J. E. 等对热力学的贡献,[意] Fermi,E. 发现弱相互作用,[日] 汤川秀树揭示强相互作用,[德] Fischer,E. H. 等对化学的有机研究,[美] Hubble,E. P. 证实河外星云,[德] Krebs,H. A. 发现三羧酸循环和鸟氨酸循环,[英] Fleming,A. 发现青霉素,[德] Ehrlich,P. 开辟化疗,[奥] Landsteiner,K. 发现 ABO,MNSs,Rh 血型系统, 等等。

除上列经典(多为 20 世纪 60 年代以前)文献外,当代文献中也不乏代表人类知识和文化的文献,值得一提的杰作所对应的事实如:[美] Zadel,L. A. 创建模糊数学,[美] Robinsen,A. 建立非标准分析,[法] Thom,R. 创立突变理论,[美] Atiyah,M. F. ,Singer,I. M. 和陈省身等发展整体微分几何,[美] 杨振宁和 Mills, R. L. 奠定规范场论,[瑞] Prigogine,I. 提出耗散结构理论,[德] Haken,H. 建立协同学,[美] Morgan,W. J. 等提出板块构造说,[美] Nirenberg,M. W. 等确立遗传密码表,[美] Cecil,R. 创编内科学,[美] Christopher,F. 创编外科学,等等。同时,当代各国专家所编著的不少科技专著甚或著名教科书本身已是人类已有知识的汇集[120],具有相当代表性,如我国农业出版社和上海科学技术出版社出版的《中国主要农作物栽培学》丛书(共 22 分册),裘维蕃著《植物病毒学》(2 版,科学出版社,1984),殷震,刘景华主编《动物病毒学》(科学出版社,1985),黄铭新主编:《内科理论与实践》(上海科技出版社,1983),吴阶平,裘法祖主编《黄家驷外科学》(人民卫生出版社,1986),等等。

集成文献尤其是大型工具书本身即是人类知识和文化的浓缩和汇集,因而成为代表人类知识与文化的文献的一个组成部分。例如:《中国大百科全书》,《世界大百科事典》,《The New Encyclopaedia Britannica》,《The Encyclopedia Americana》,《La grande encyclopédie》,《Brockhaus Enzyklopädie》,《Большая советская знциклопедия》,《Landolt – Börnstein's Zahlenwerte und Functionen aus Physik, Chemie, Astronomie, Geophysik und Technik》,《Sadtler Standard Spectra Collections》,《Beilsteins Handbuch der Organischen Chemie》,《Gmelins Handbuch der Anoganischen Chemie》,等等。但值得指出的是:上述各国大百科全书在知识内容上是相互重复的,集成文献的信息内容与原始文献也是相互重复交叉的,因此,经典文献是独立的代表人类知识与文化的文献之基础和核心。

针对以上经典体系,可提出如下分析意见:

1)各学科文献具有的性质各异,这是导致各学科研究有所差别的重要原因之一:科技文献具有很强的累积性和更替性,经典文献中知识已全部转移到集成文献中且科技成果在越新的文献中反映越完善。因而从事方式主要是在消化集成文献知识的基础上再吸收最新文献成果而根据客观事实云创新;哲学和文学艺术文献则具有不可替代性,即经典文献不能用其他文献取代,经典文献始终具有新闻记者、研究价值,这一性质决定了哲学和文学艺术的研究方式是以原基础自行发挥,因而文科研究带有浓厚的研究者个人的观点和色彩。

2)各类型文献对于知识与文化以及对于各学科的作用也不同:集成文献可将知识大大浓缩化,但却难以浓缩文化——哲学和文学艺术原著一旦缩略就会失真,这种知识具有可压缩性而文化不具可压缩性的性质实际上可用来区分知识与文化两个概念。此外,从古到今,书著都是大多学科的核心文献,里程碑性的文献大多都以书著形式存在,除化学早在19世纪就变为“刊型”学科和工程技术是“专利型”学科等外,大多学科仍是“书型”学科。

3)吸收和创造文学信息只需要文字知识基础,而吸收和创造哲学信息却还需要文化背景和理性积累,吸收和创造科技信息又更需要专门培训和逻辑思维积累,因而吸收和创造文学信息比吸收和创造哲学、科技信息容易,所以:任何文明民族可以没有哲学和科学技术,却不会没有文学;文学的发生和发展必然先于哲学和科技,哲学是人类理智的凝结,哲学思想可以促进科技的发展和文学的进化,而仅有几百年历史的现代科学技术则代表着人类智慧的高度。此外,对各种文献信息的吸收方式也不尽相同:科技信息要理解,哲学信息要思考,文学是阅读,音乐是听,美术是看,各有特点。常人即知文学,明智之人必通历史,理智之人可知哲学和科技。

4)以时间为参照,可以看到文献类型逐渐由单一演化为繁杂;可以看到科技经典文献在国别上经历了大体是“希→意→法→德→美”的流程、在语种上也经历了大体为“希→拉→法→德→英”的流程,这与科学中心的转移大体对应。

5)经典文献与经典著者具有对应关系,因而可以通过经典文献反过来确证其著者的历史功绩。当然,有些重要学者由于历史原因未能留下著作的就另当别论了(如中国的华佗)。

6)从纯粹角度考虑,数学文献信息纯度最高、文学文献则最低;信息杂度正相反:文学最大、数学最小;在信息容量上,似有:图画 > 文字 > 乐谱;记录成五线谱的音乐信息可以被全人类平等地吸收,这可能是最公平地传播的文献,科学公式、议程式有专业局限,不同的语言文字则成为信息传播和流通的最大障碍之一。

7)从文献内容看,东西方学术、文化具有明显不同,例如东方哲学基本上是以为经典文献作注的形式发展,而西方则多是批判性继承再自成一说;东方音乐侧重旋律、西方音乐注重和声;东方绘画多用线条,西方绘画常用色块,等等,都反映了东西方学术、文化的差异。同时,现代哲学对文学艺术和社会科学技术的影响是极大的,但对现代指导作用却日渐衰微,在18世纪前,发展在相当程度上是由哲学家直接推动的,而在19-20世纪,科学技术的发展在很大程度上则是由数理研究推动的,数理研究成果还对哲学的发展起着促进作用。在哲学、史学和文学文献中,集中了人类文化的主体内容。

8)文献研究和专业研究并无截然分界,从文献表层深入到文献内容时就跨入了专业研究的范畴,而在文献的表观信息与内容信息的结合部上,文献情报工作者是大有可为的。

1.2　数字文献

20 世纪 90 年代后期,伴随 Internet 尤其是 Web 的高速发展和普及,数字化信息和数字图书馆风靡全球,十大文献信息源均逐步实现了全文数字化,由此形成的全文数据库为书籍或文献的获取提供了方便而快捷的途径。

(1) 数字化图书

除 Google 数字图书馆(http://book.google.com)等项目提供部分数字化图书外,已有不少公益性图书全文网站提供免费数字图书全文下载,例如:

eBook Library (http://b - ok.org)

Library Genis(http://gen.lib.rus.ec)

等等。从这些网站可以获得版权公有或开放版权的数字化图书,特别是经典著作。

(2) 数字化期刊

已有数百种商品化期刊全文数据库,但大多需要付费获取。随着开放获取(Open Access,OA)呼声高涨,将有越来越多的数字化期刊论文可从网上免费获得,当前实例如:

PubMed (https://www.ncbi.nlm.nih.gov/pubmed/)

DOAJ(https://doaj.org)

著名的 Springer 出版社已从其拥有约 1500 种优质期刊的 Springer LINK 商品化全文数据库中分辟出 200 余种构成了 SpringerOpen (https://www.springeropen.com/journals/) 供世人免费查阅。专门收录过刊的 JSTOR (http://www.jstor.org) 估计也会很快被 OA 化。

国内三大全文期刊数据库目前仍维持商品化收费服务，概况如下：

万方数据库：是中国科技信息研究所、万方数据集团公司开发的全文数据库系统，该系统包括科技信息子系统、商务信息子系统和数字化期刊子系统。其中科技信息子系统汇集科技文献类、科技动态类、标准及法规类、成果与专利类、机构和名人类以及工具书类数据库近百种，信息总量达1100多万条；商务信息子系统包括工商资讯、经贸信息、成果专利、咨询服务等内容；数字化期刊子系统收纳了理、工、农、医、社科等五大学科类别的2500余种期刊。

维普数据库：是重庆维普公司开发的中文期刊数据库，收录约11000种国内出版的数学、经济、化学、生物、农业、环保、地球、矿业、机械、无线电、轻工、航空、建筑、信息、医学及综合性期刊和港台核心期刊，累积数据 约1500万条，时间跨度为1989年至今。维普数据库的优点是收录期刊尤其是科技期刊较齐全，核心期刊含量高；检索功能较完善，尤其是逻辑组配检索功能完备。

同方数据库（CNKI）：是由中国学术期刊电子杂志社开办、在清华大学同方数据库基础上发展起来的学术期刊数据库，目前，CNKI包括中国期刊全文数据库（CJD）、中国重要报纸全文数据库（CCND）、中国优秀博/硕士论文全文数据库（CDMD）、中国基础教育知识库（CFED）、中国医院知识库（CHKD）、中国期刊题录数据库（CJDB）、中国专利数据库（CPD）等。其中，中国期刊全文数据库（CJD）是连续动态更新的中国期刊全文数据库，收录1994年至今的国内约9000种中英文期刊全文，积累全文文献800多万篇，题录1500万余条。与维普数据库相比，CNKI的优势是文科文献（尤其是文史哲、经济管理）收录较多。

（3）数字化专利

专利文献是在网上免费传播最广的实质性科技文献，一般至少可以通过各国专利局网站获得有关专利摘要信息。在专利文献的收集和服务方面，影响最大的是Derwent专利，其网站URL为http://www.derwent.com，实行有偿服务。美国专利则可以通过网络免费获得全文，URL为http://www.uspto.gov/patft/。

（4）数字化标准

技术标准是建立数据库并上网较早的科技文献，如万方数据库中就包含有主要技术标准。国际标准和国家标准也可从相应标准网站查得。查询ISO标准的URL为http://www.iso.org。

(5)数字化会议论文

国际会议论文的查阅网站以 ISI Proceedings(http://wosproceedings.com,有偿服务,包含 ISTP 和 ISSHP)为优,该网站已与 Web of Science 一道纳入 Web of Knowledge 平台。

(6)数字化学位论文

美加学位论文的查阅以 UMI ProQuest Digital Dissertations 网站(http:///www-wlib.global.umi.com,有偿服务)较佳;中国学位论文则可通过 CALIS(http://www.calis.edu.cn)等查阅。

(7)数字化科技报告

各国科技报告中以美国四大报告最著名,即 AD 报告、PB 报告、DOE 报告和 NASA 报告,四大报告的服务系统是 NTIS(National Technical Information Service),其 URL 为 http://www.ntis.gov。中国的科技报告(成果)可以在万方数据库中查阅。

(8)其他特种文献

公开的政府出版物和政府档案可通过各国政府网站获得。商品化产品样本可通过各商业网站获得。

这些数字文献的集合为当今学习和研究提供了便利。数字文献和经典文献一道为书籍的理论奠定了坚实的客观基础。同时,这些文献存储在实体图书馆和数字图书馆中,这也对书籍的理论提出了期望:完善的理论要既能统一说明经典文献和数字文献,也要能解释实体图书馆和数字图书馆。

参考文献

[1]叶鹰:代表人类知识与文化的经典文献,图书馆杂志,2014,33(7):113-144

[2]蔡尚思:哪些书最能代表中国文化,书林,1982(5):16-17;新华文摘,1983(3):262

[3]印永清:关于北大、清华的两份推荐书目,大学图书馆学报,2002,20(1):77-79

[4]梁洪波等编著:袖珍东方名著三百种,中国大百科全书出版社,1993

[5]陈红春、胡菲菲编著:袖珍西方名著手册,上海文化出版社,1988

[6]下中邦彦编集兼发行:《世界名著大事典》(3版),平凡社,东京,1963(全8卷)

[7](美)Hutchins,R. M. (ed.). Great Books of the Western World,Chicago:Encyclopaedia Britannica,1952

[8](美)Adler,M. J. (ed.). Great Books of the Western World (2nd ed),Chicago:Encyclopaedia Britannica,1990

[9]叶鹰:推荐书目的逻辑扩展及其与现代学术文献系统的衔接,图书馆杂志,2004,23(12):59-61

[10]叶鹰:分类法新探和简易组配分类表,图书馆理论与实践,1986(2):13-16,36

[11]关士续编著:《科学技术史简编》,黑龙江科技出版社,1984

[12]中国科学院自然科学史研究所近现代科学史研究室编著:《20世纪科学技术简史》,科学出版社,1985

[13](英)Bernal,J. D. 著,伍况甫等译:《历史上的科学》,科学出版社,1959

[14](英)Dampier,W. C.. 《A History of Science and Its Relations with Philosophy and Religion》(4th ed.). Cambridge University Press,1958

[15](荷兰)Forbes,R. J. &E. J. Dijksterhuis 著,刘珺珺等译:《科学技术史》,求实出版社,1985

[16](英)Needham ,Joseph. Science and Civilization in China. Cambridge University Press,1954-59(3v.)

[17](美)Sagan,Carl 著,张彦斌等译:《外星球文明的探索》,上海科技出版社,1981

[18](英)Scott,J. F. 著,侯德润、张兰译:《数学史》,商务印书馆,1981

[19](美)Kline,M. 著,北京大学数学系数学史翻译组译:《古今数学思想》,上海科技出版社,1979-81(全四册)

[20]梁宗巨:《世界数学史简编》,辽宁人民出版社,1980

[21]李迪编著:《中国数学史简编》,辽宁人民出版社,1984

[22](美)Cajori,F. A History of Physics(5th ed.). Macmillan Co.,1928

[23] 祁关泉等译:《物理学史》,上海教育出版社,1986

[24] (英) Partington,J. R. 著,胡作玄译:《化学简史》,商务印书馆,1979

[25]《化学发展简史》编写组编:《化学发展简史》,科学出版社,1980

[26] (美) Magner,L. N. 著,李难、崔极谦、王水平译:《生命科学史》,华中工学院出版社,1985

[27] (日) 岛村福太郎等编著,李永连等译:《地学史话》,河北人民出版社,1985

[28] (日) 小林英夫著,刘兴义、刘肇生译:《地质学发展史》,地质出版社,1983

[29] 陈久金编著:《天文学简史》,科学出版社,1985

[30] 陈遵妫著:《中国天文学史》,上海人民出版社,1980 - 84(全三册)

[31] 赵璞珊著:《中国古代医学》(中华史学丛书),中华书局,1983

[32] 中国农业科学院、南京农业大学中国农业遗产研究室编著:《中国古代农业科学技术史简编》,江苏科技出版社,1985

[33] (日) 中山秀太郎著,庞铁榆、姜振寰译:《技术史入门》,黑龙江科技出版社,1985

[34] 吴绳楷:"图书馆与情报学的基础文献",情报业务研究,1986,3(3):222 - 228

[35] (苏)Дынника,M. A. 等主编,汉译本:《哲学史》(全六卷),三联书店,1958 - 82

[36] 孙叔平著:《中国哲学史稿》(上、下),上海人民出版社,1980 - 81

[37] 任继愈主编:《中国哲学史》(全四册),人民出版社,1963 - 79

[38] 肖箑父、李锦全主编:《中国哲学史》(上、下),人民出版社,1982 - 83

[39] 吕希晨、王育民:《中国现代哲学史》,吉林人民出版社,1984

[40] 全增嘏主编:《西方哲学史》(上、下),上海人民出版社,1983 - 85

[41] 陈修斋、杨祖陶;《欧洲哲学史稿》,湖北人民出版社,1983

[42] (英)Russell,B. 著,何兆武、李约瑟译:《西方哲学史》(上、下),商务印书馆,1963 - 76

[43] (美) Thilly,F. 著,葛力译:《西方哲学史》(上、下),商务印书馆,1975 -

79

[44] (德)Hegel,G. W. F. 著,贺麟、王太庆译:《哲学史讲演录》(全四卷),商务印书馆,1959-78

[45] 车铭洲著:《西欧中世纪哲学概论》,天津人民出版社,1982

[46] 商聚德等:《中国哲学名著简介》,河北人民出版社,1985

[47] 辛冠洁等主编:《中国古代著名哲学家评传》,齐鲁书社,1980-81,《续编》,1982;《中国近代著名哲学家评传》,齐鲁书社,1982-83;《中国古代佚名哲学名著评述》,齐鲁书社,1984-85

[48] 汝信等主编:《西方著名哲学家评传》(全八卷),山东人民出版社,1984-85

[49] 北京大学哲学系外国哲学史教研室编译:《西方哲学原著选读》,商务印书馆,1981-82

[50] (印度)Chattopadhyaya,D. 著,黄宝生、郭良鋆译:《印度哲学》,商务印书馆,1980

[51] (日)永田广志著、版本图书馆编译室译:《日本哲学思想史》,商务印书馆,1978

[52] (日)下中邦彦编集兼发行:《哲学事典》,平凡社,东京,1971

[53] 周文英著:《中国逻辑思想史稿》,人民出版社,1979

[54] 杨百顺:《西方逻辑史》,四川人民出版社,1984

[55] 沈剑英著:《因明学研究》,中国大百科全书出版社,1985

[56] (美) Murphy,G. & J. K. Kovach 著,林方、王景和译:《近代心理学历史导引》,商务印书馆,1980

[57] (美)Boring,E. G. 著,高觉敷译:《实验心理学史》,商务印书馆, 1981

[58] 高觉敷主编:《西方近代心理学史》,人民教育出版社,1982

[59] 唐钺编:《西方心理学史大纲》,北京大学出版社,1982

[60] 杨清:《现代西方心理学主要派别》,辽宁人民出版社,1980

[61] 唐凯麟等编著:《伦理学纲要》,湖南人民出版社,1985

[62] (英) Bosanquet,B. 著,张今译:《美学史》,商务印书馆,1985

[63] 朱光潜著:《西方美学史》(第2版),人民文学出版社,1979

［64］李泽厚、刘纲纪主编:《中国美学史》(第一卷),中国社会科学出版社,1984

［65］(苏)Крывелев,И. А. 著,王先睿等译:《宗教史》(上、下),中国社会科学出版社,1984

［66］雷镇阊主编:《宗教概论》,河南人民出版社,1984

［67］世界宗教研究所本书编写组编:《各国宗教概况》,中国社会科学出版社,1984

［68］严北溟著:《中国佛教哲学简史》,上海人民出版社,1985

［69］郭明著:《隋唐佛教》,齐鲁书社,1980;《宋元佛教》,福建人民出版社,1981

［70］卿希泰著:《中国道教思想史纲》(第一、二卷),四川人民出版社,1980－85

［71］葛懋春主编:《历史科学概论》,山东教育出版社,1983

［72］高国抗编著:《中国古代史学史概要》,广东高等教育出版社,1985

［73］李宗邺著:《中国历史要籍介绍》,上海古籍出版社,1982

［74］王树民著:《史部要籍解题》(中华史学丛书),中华书局,1981

［75］高振铎主编:《中国历史要籍介绍及选读》(上、下),黑龙江人民出版社,1982

［76］郭圣铭编著:《西方史学史概要》,上海人民出版社,1983

［77］李向荣等编著:《政治经济学史纲要》,四川人民出版社,1980

［78］胡寄窗著:《中国经济思想史简编》,中国社会科学出版社,1981

［79］(日)大阪市立大学经济研究所编:《经济学辞典》(第2版),岩波书店,东京,1979

［80］(德)Stollberg,R. 著,吴衡康等译:《资产阶级政治经济学史》,商务印书馆,1963

［81］谷春德、吕世伦编:《西方政治法律思想史》(增订本),辽宁人民出版社,1986

［82］栗劲等编著:《中国法律思想史》,黑龙江人民出版社,1983

［83］张晋藩主编:《中国法制史》,群众出版社,1982

[84] 张宏生主编:《西方法律思想史》,北京大学出版社,1983

[85] 陈盛清主编:《外国法制史》,北京大学出版社,1982

[86] 周旺生等著:《西方法学名著评介》,辽宁人民出版社,1986

[87] 丘晓主编:《政治学原理》,四川人民出版社,1984

[88] 谢觉一、乔有华编著:《简明外国教育史》,山东教育出版社,1984

[89] 王天一等编著:《外国教育史》(上、下),北京师范大学出版社,1984 - 85

[90] 毛礼锐主编:《中国教育史简编》,教育科学出版社,1984

[91] 蔡克勇编:《高等教育简史》,华中工学院出版社,1982

[92] 戚雨村主编:《语言学引论》,上海外语教育出版社,1985

[93] (英)Robins,R. H. 著,李振麟、胡伟民译:《普通语言学概论》,上海译文出版社,1986

[94] 陈玉刚著:《简明中国文学史》,陕西人民出版社,1985

[95] 屈守元著:《中国文学简史》,四川人民出版社,1980

[96] 游国恩等主编:《中国文学史》(全四册),人民文学出版社,1963 - 64

[97] 中国科学院文学研究所编:《中国文学史》(全三册),人民文学出版社,1962

[98] 十四院校编写组编著:《中国现代文学史》,云南人民出版社,1981

[99] 吉林省五院校编:《中国当代文学史》,吉林人民出版社,1984

[100] 二十四所高等院 校编:《外国文学史》(全四册),吉林人民出版社,1980 - 84

[101] 杨周翰等主编:《欧洲文学史》(上、下),人民文学出版社,1979

[102] 刘念兹等编著:《欧美文学简编》,山东教育出版社,1982

[103] 林亚光主编:《简明外国文学史》,重庆出版社,1983

[104] 郑克鲁等编:《外国文学作品提要》(一 ~ 三),上海文艺出版社,1980 - 83

[105] 彭恩华著:《日本俳句史》,学林出版社,1983

[106] 中国艺术研究院音乐研究所编:《中国音乐词典》,人民音乐出版社,1984

[107] 张洪岛主编;《欧洲音乐史》,人民音乐出版社,1983

[108] 张光福编著:《中国美术史》,知识出版社,1982

[109] 王伯敏著:《中国绘画史》,上海人民美术出版社,1982

[110] 徐邦达编:《中国绘画史图录》(上、下),上海人民美术出版社,1981 - 84

[111] 林树中、周积寅:《中国历代绘画图录》,天津人民美术出版社,1981

[112] 王琦主编:《欧洲美术史》,上海人民美术出版社,1985

[113] 李浴编著:《西方美术史纲》,辽宁美术出版社,1980

[114] 朱铭编著;《外国美术史》,山东教育出版社,1986

[115] (日)相贺夫编集兼发行:《大日本百科事典:20. 日本美术名宝事典;24. 世界美术名宝事典》,小学馆,东京,1971 - 72

[116] (英)Read, H. 著,刘萍君译:《现代绘画简史》,上海人民美术出版社,1979

[117] (法)Sadoul, G. 著,徐昭、陈笃忱译:《电影艺术史》,中国电影出版社,1957

[118] 程季华主编:《中国电影发展史》(第一卷初稿 2 版),中国电影出版社,1980

[119]《中国电影年鉴》,1981 - 82

[120] 周贻白著:《中国戏曲发展史纲要》,上海古籍出版社,1979

[121] 钟明善编著:《中国书法简史》,河北美术出版社,1983

[122]《辞海》(分册本各分册),上海辞书出版社,1980

[123] (苏)《Большая советская знциклопедия》(3 - еизд.),1969 - 78(30 т.)

[124] (法)《La grande encyclopédia》,1971 - 78(21v.)

[125] (美)《Academic American Encyclopedia》,1981(21v.)

[126] (美)《International Encyclopedia of the Social Sciences》,1972(17v.)

第二章　规律基础

图书馆学中已经积累了一些经验规律,构成图书馆学赖以立学之基础,其中文献计量规律是图书馆学和情报学的共同规律[1],而图书馆学五定律和情报学六原理[2]则构成图书馆学和情报学的差别。

2.1　文献计量五定律

文献计量规律是一系列经验规律的统称,主要包括以下五定律。

(1)布拉德福定律

布拉德福定律(Bradford's law)是描述专业论文在期刊中分布情况的经验规律[3],由英国著名文献学家布拉德福(S. C. Bradford,1878 – 1948)于 1934 年提出。可表述为:

将期刊按照刊载某学科相关论文的数量排列,可得到专门登载该学科论文的核心区期刊和若干外围区期刊,当各区所含该学科相关论文相等时,各区期刊数成

$$n_c : n_1 : n_2 : \ldots = 1 : a : a^2 : \ldots \ (a > 1) \tag{2-1}$$

其中 a 叫布拉德福常数。

后来英国情报学家布鲁克斯(B. C. Brookes)用公式描述为:

$$R(n)=\begin{cases}\alpha n^{\beta},(1\leqslant n\leqslant n_c)\\ k\log(n/s),(n_c\leqslant n\leqslant N)\end{cases}\qquad(2-2)$$

其中 $R(n)$ 为相关论文累积数；n 是期刊累积数；α 是 $n=1$ 时的 $R(n)$；β,k,s 为参数；N 为期刊总数。若以累积期刊数 n 或其对数为横坐标、累积相关论文数 $R(n)$ 为纵坐标，一般可做出如图 2－1 所示的分布曲线。

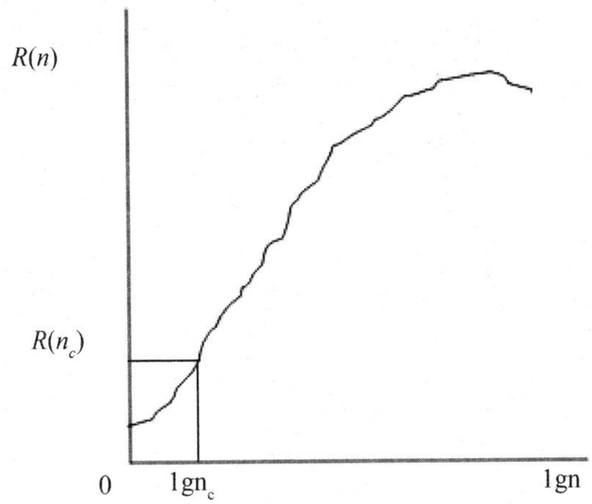

图 2－1　布拉德福分布曲线示意

布拉德福 1934 年提出上述经验规律后，并未引起人们注意。1948 年，其专著《文献学》(Documentation) 出版，在第九章中全文收录了 1934 年的发现，才引起另一位英国文献学家维克利 (B. C. Vickery) 的重视。维克利对之进行研究后，将外围区扩展到多个区域，并首次用"布拉德福分散定律"命名这一经验规律，并提出改进（现称维克利推论）：

$$n_c:(n_c+n_1):(n_c+n_1+n_2):\ldots=1:b:b^2:\ldots\ (b>1)\qquad(2-3)$$

其中 b 叫作维克利系数。

1977 年，苏联情报学家斯莫里科夫 (И. А. Смольков) 对布鲁克斯的公式描述进行研究后，又另提出用一个统一的方程来表述布拉德福定律：

$$R(n)=K\lg(q_1 n+q_2 e^{-\beta n})\qquad(2-4)$$

其中 K,β,q_1,q_2 为参数。

(2) 洛特卡定律

洛特卡定律 (Lotka's law) 是描述作者与论文数量之间关系的经验规律，由美

国统计学家洛特卡(A. J. Lotka,1880 - 1949)于 1926 年提出[4],可表述为:

设写 x 篇论文的作者占作者总数的比率(作者频率)为 $f(x)$,则 $f(x)$ 与 x 的平方的乘积近似是个常数(一般称平方反比律):

$$f(x) \approx \frac{c}{x^2} \tag{2-5}$$

其中 c 是常数。

后经研究,发现物理、化学、经济、人文、图书情报等领域的作者与论文之间的关系基本符合这一规律,而生物、工程、计算机等领域则不符合平方反比关系,于是将一般形式的洛特卡定律写作:

$$f(x) = \frac{c}{x^{\alpha}} \tag{2-6}$$

其中 $\alpha > 1$ 为洛特卡指数,对特定学科领域为常数。上式取对数,有

$$\lg f(x) = -\alpha \lg x + \lg c \tag{2-7}$$

以 $\lg f(x)$ 为纵坐标、$\lg x$ 为横坐标作图,是一直线,如图 2 - 2 所示。

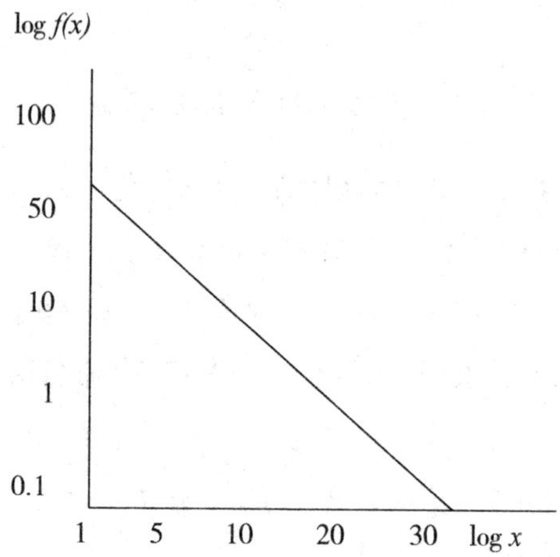

图 2 - 2 洛特卡分布示意图

设平方反比关系普遍成立,由于 $1 = \sum_{n=1}^{\infty} f(n) = \sum_{n=1}^{\infty} \frac{c}{n^2} = c\frac{\pi^2}{6}$,故 $c = \frac{6}{\pi^2} \approx$ 60.79%,也就是说 $f(1) = \frac{c}{1^2} = c$,进而有:

$$f(2)=\frac{c}{2^2}=\frac{f(1)}{2^2}$$

……

$$f(n)=\frac{c}{n^2}=\frac{f(1)}{n^2} \tag{2-8}$$

也就是说:写1篇论文的作者约占作者总数的60%,写2篇论文的作者是写1篇论文作者数量的1/4,……写n篇论文的作者是写1篇论文作者数量的$1/n^2$。

洛特卡定律描述了作者人数与其发表论文量之间的关系,首次揭示了作者与发表论文数量之间存在的定量规律。后经研究,发现物理学等学科领域的作者与论文之间的关系基本符合平方反比律,而生物、工程、计算机等领域则不符合平方反比关系。一般来说,人文学科、社会科学中,a值将变大;规模较大、科研合作程度较高的学科中,a值会变小。

著名科学学家普赖斯(D. Price)在洛特卡定律基础上进一步研究了科学家人数和科学论文数量之间的关联,在《小科学,大科学》一书中提出了"普赖斯定律":科学家总数是杰出科学家人数的平方(或者说杰出科学家人数是科学家总数的平方根)。普赖斯定律的另一定量表达是:杰出科学家发表了全部科学论文的50%。

设n_{max}为杰出科学家中最高产作者发表论文数,m为杰出科学家中最低产作者发表论文数,R为杰出科学家人数与全体科学家总数之比,普赖斯还推导出以下两式:

$$m=0.749\sqrt{n_{max}} \tag{2-9}$$

$$R=0.812/\sqrt{n_{max}} \tag{2-10}$$

也就是说:杰出科学家中最低产作者发表论文数是最高产作者发表论文数平方根的0.749倍;杰出科学家人数与全体科学家总数之比是杰出科学家中最高产作者发表论文数平方根倒数的0.812倍。

比利时著名信息计量学家埃格(L. Egghe)更进一步把洛特卡定律作为一般幂律分布而发展成为整个信息计量学的基础,建立了洛特卡信息计量学[5],具有较高理论价值。

(3)齐夫定律

齐夫定律(Zipf's law)是描述文献中用词与其出现频次之间关系的经验规律，由齐夫(G. K. Zipf)于 1935 年提出[6]，是一条与语言学密切相关的文献学规律，因而也成为计量语言学的基础定律之一，可表述为：

设有一篇含有 N 个词的文献(N 充分大，如≥5000)，用自然数 n = 1,2,3,…给文献中的词编级，出现频次最高的为 1，其次为 2，直到 n (n < N)，则高频词的频次 f 与词级 n 之间满足齐夫定律：

$$f = \frac{c}{n} \tag{2-11}$$

其中 c 为常数。若采用相对频数(频率)$f = F/N$，N 为文章所含词汇总量，则以 $\lg f - \lg r$ 作图为一直线，如图 2-3 所示：

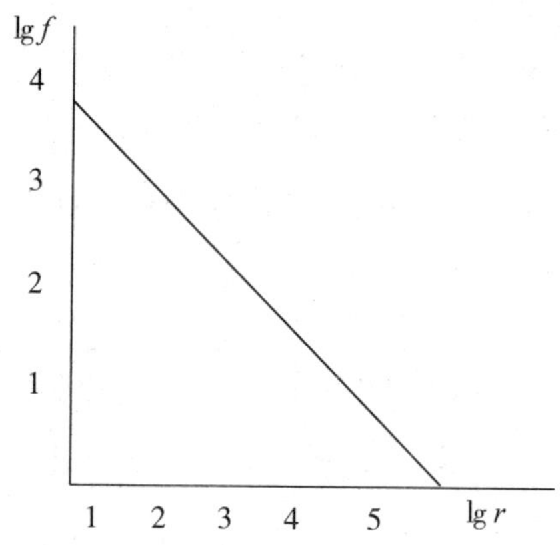

图 2-3　齐夫分布示意图

洛特卡分布(图 2-2)和齐夫分布(图 2-3)形式上类似，但洛特卡分布是频次分布，而齐夫分布是排序分布，二者有幂律联系[7-8]。

1936 年，美国语言学家朱斯(M. Joos)提出含两个参数的齐夫公式：

$$fr^{b} = c \tag{2-12}$$

这是双参数词频分布律，其中 $b > 0$，$c > 0$。当 $b = 1$ 时，等价于齐夫单参数公式。

1952 年，美籍法裔数学家曼德博(B. Mandelbrot)运用信息论原理和概率论方法研究了词频分布规律，结合其独创的分形学说重新解释了齐夫定律，提出了三参数词频分布律：

$$f(r+a)^{b}=c \tag{2-13}$$

其中 $0 \leqslant a<1, b>0, c>0$。该公式当 $a=0$ 时，就是朱斯双参数公式；当 $a=0$，$b=1$ 时，就是齐夫单参数公式，因而三参数公式具有更广的普适性，成为排序频次分布的一般形式。

但以上改善均针对高频词，低频词的分布规律是由英国学者布斯（A. D. Booth）首先导出的：

设出现 1 次的词数量为 I_1，出现 n 次的词数量为 I_n，则低频词满足公式：

$$\frac{I_n}{I_1}=\frac{2}{n(n+1)} \tag{2-14}$$

（2－14）也称为齐夫第二定律，（2－11）相应称为齐夫第一定律。

（4）文献增长律

文献增长律是描述文献信息量随时间而不断增加的一组经验规律，主要有指数曲线模型和逻辑曲线模型。

指数增长律是著名科学学家普赖斯（D. J. Price）1956 年提出的关于文献信息随时间增长的经验规律，内容如下：

设 t 时间的文献信息数量为 $Q=F(t)$，则有：

$$Q=F(t)=ae^{bt} \tag{2-15}$$

其中 $a>0$ 为条件常数，代表 $t=0$ 时刻的 Q；$b>0$ 为时间常数，代表持续增长率。

普赖斯指数增长定律是一条近似规律。苏联科学学家纳里莫夫（В. Налимов）等在仔细研究指数增长律后，发现文献增长是分阶段进行的，在经过一段急剧增长过程后，会有一段缓慢增长，并有最终上限，也就是指数曲线会变为逻辑曲线（一种生长曲线），其数学模型为：

$$Q=F(t)=\frac{k}{1+ae^{-bt}}=\frac{k}{1+a\exp(-bt)} \tag{2-16}$$

其中 k 为最大上界即 $t \to \infty$ 时的文献累积量。其形状如图 2－4 所示。

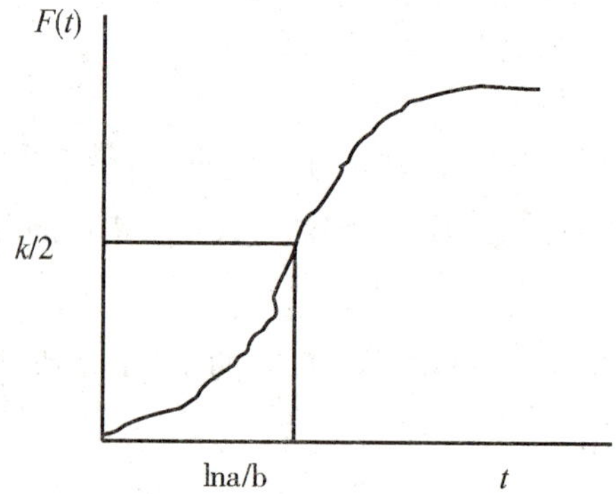

图 2-4 逻辑曲线示意图

逻辑曲线模型表明文献增长存在一个最大上界，这也不符合发展实际，因而也只是一条近似规律。

美国科学史家和情报学家勒歇尔（N. Rescher）1978 年在《科学的进步》一书中引进文献质量等级指标 $\lambda\in[0,1]$，将普赖斯指数增长定律改进为：

$$F(t)=(ae^{bt})^{\lambda} \tag{2-17}$$

并约定：$\lambda=1$→常规文献

$\lambda=3/4$→有意义文献

$\lambda=1/2$→重要文献（"重要文献是文献总数的平方根"）

$\lambda=1/4$→非常重要文献

$\lambda=0$→此时定义 $F(t)=\ln a+bt$，是最重要文献

勒歇尔模型延缓了重要文献增长的速率，并让最重要文献呈线性增长，改善了文献增长律，深化了对文献指数增长的认识，也引进了更多人为假设。

(5) 文献老化律

文献老化律是描述文献信息价值随时间推移而不断下降的一组经验规律，主要有 Bernal－Brookes 负指数模型和 Burton－Kebler 方程。

与指数增长相应，著名科学学家贝尔纳（J. D. Bernal）于 1958 年提出负指数老化模型，后经英国著名情报学家布鲁克斯（B. C. Brookes）发展改进，其数学表述如下：

$$C(t)=ke^{-dt} \tag{2-18}$$

其中 $C(t)$ 代表发表 t 年后的文献被引次数，k 是因学科而异的学科常数，d 为

老化率。其示意图见图 2－5。

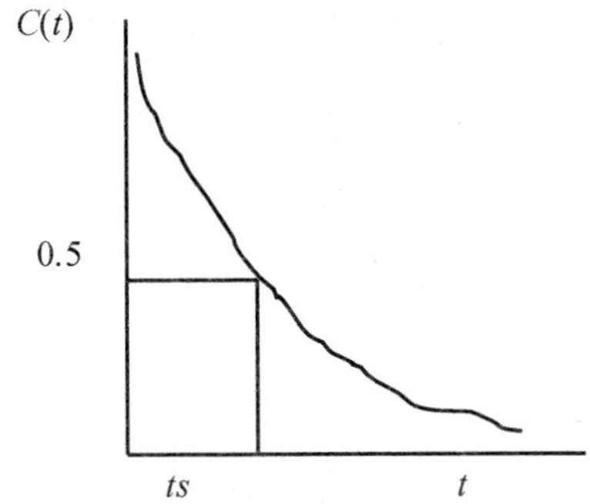

图 2－5　负指数老化曲线示意

图 2－5 中，与 $C(t)=0.5$ 相对应的时间 *ts* 称为相应学科文献的半衰期或半生期，其含义是经过 *ts* 年后已有 50% 的文献不再被引用，或者说只有 50% 的文献仍在被引用。

1960 年，美国图书馆员博顿（R. E. Burton）和物理学家凯卜勒（R. W. Kebler）合作对科技文献的老化进行研究后，提出如下老化方程：

$$y=1-\left(\frac{a}{e^{x}}+\frac{b}{e^{2x}}\right) \tag{2-19}$$

其中 y 是经过一定时间尚在利用的文献的相对数量（$y=0.5$ 对应半生期），x 是以 10 年为单位计量的时间，$a+b=1$ 为常数。

苏联学者莫德列夫（B. M. Мотылев）仔细研究博顿－凯卜勒老化方程后，发现实际统计数据与理论计算数据在 χ^2 检验时差异显著，于是提出了如下修正公式：

$$y=1-\left(\frac{a}{e^{x-0.1}}+\frac{b}{e^{2x-0.2}}\right) \tag{2-20}$$

并用下式计算半生期（时间单位：年）

$$x_s=10\times\left[\ln\left(a+\sqrt{a^2+2b}\right)+0.1\right] \tag{2-21}$$

这些成果对深化文献老化律的研究具有重要意义。

若设统一分布函数 $f(x,t)$ 形式为：

$$f(x,t)=c(x+d)^{-\alpha}e^{kt} \tag{2-22}$$

其中 c 和 d 是参数，α 是洛特卡指数，k 为常数，x 代表空间型尺度频次变量，t

是时间。该函数表征的信息分布服从波动-扩散方程组:

$$\frac{\partial^2 f}{\partial x^2}-\frac{1}{c^2}\frac{\partial^2 f}{\partial t^2}=a(x)f(x,t) \tag{2-23}$$

$$\frac{\partial^2 f}{\partial x^2}-\frac{1}{d}\frac{\partial f}{\partial t}=b(x)f(x,t) \tag{2-24}$$

此即文献计量五定律的统一机理[9-10]。

2.2 图书馆学五定律

《图书馆学五定律》(The Five Laws of Library Science)是阮冈纳赞于1931年撰写的是一本享誉世界的图书馆学名著[11],其中提出的图书馆学五定律被国际图书馆界誉为“我们职业最简明的表述”。

第一定律——书是为了用的(Books are for use)。

图书馆的主要职能不是收藏和保存图书,而是使图书得到充分的利用。该定律阐明了图书馆的性质和任务,指明了图书馆工作的出发点和目的。阮冈纳赞还详细地论述了图书馆贯彻第一定律应采取的对策和措施,这些对策和措施主要包括:

(一)打破传统保存图书习惯的限制,使图书藏以致用。

(二)从便于读者利用藏书的角度来选择馆址。

(三)规范和延长开馆时间。

(四)图书馆设备的添置和安装应有利于读者有效地利用藏书。

(五)提高图书馆员的专业水平,改善其工资待遇,积极针对读者的需要开展个别服务。

第二定律——每个读者有其书(Every reader his or her book/Books are for all)。

第一定律强调的是书,第二定律则强调了书的使用者。第二定律首先要求图书馆的大门向一切人敞开。图书馆决不应为少数受优惠者所垄断,而要让每个人都享有利用图书馆的平等权利,真正做到书为每个人和每个人都有可用之书。

同时阮冈纳赞认为,要实现第二定律,国家、图书馆主管者、图书馆员和读者四方都应承担起各自的责任来。

第三定律——每本书有其读者(Every book its reader)。

第三定律要求为每本书找到其合适的读者。图书馆为满足第三定律所采用的主要手段是开架制。开架制的目的就是为了提高藏书的利用率。参考咨询服务也是实现“每本书有其读者”的一项必要措施。图书馆有必要派遣一批馆员在馆内流动咨询,指导读者使用目录、选择图书。这既是图书馆宣传工作的任务,也是图书馆为增加“每本书有其读者”的机会所采用的手段。

第四定律——节省读者的时间(Save the time of the reader)。

节省读者的时间就是节省社会的金钱,也就是增加社会的财富。与闭架借阅方式相比,开架借阅方式可节省读者在目录中查找图书和等候图书所浪费的时间,第四定律从国家和社会经济的角度证明了这一点。第四定律在强调采用开架借阅以节省读者的时间的同时,还强调通过科学排架、目录工作、参考咨询服务、出纳系统、馆址选择等多种途径来节省读者的时间。

第五定律——图书馆是一个生长着的有机体(A library is a growing organism)。作为一种机构的图书馆就是一个生长着的有机体,图书馆正是由藏书、读者和馆员三个生长着的有机部分构成的结合体。

阮冈纳赞指出,我们无法完全预料图书馆这个生长着的有机体的发展还将经历哪些阶段,也无法预言图书馆传播知识这一重要功能是否能通过印刷图书以外的手段来实现。但至少我们已经看到了各种不同类型的图书馆从图书馆这个有机体中分化出来了,而且我们也有理由相信,作为全球性知识传播工具的图书馆的基本原则将一定会贯穿于图书馆未来的发展过程中。

在国际互联网兴起后的1995年,美国图书馆学家克劳福特(Walt Crawford)和戈曼(Michael Gorman)合著了《未来的图书馆:梦想、狂热与现实》(Future Libraries:Dreams,Madness and Reality)一书,针对阮冈纳赞提出的“图书馆学五定律”,他们提出了网络时代“图书馆学新五律”[12]:一、图书馆服务于人类文化素质;二、重视各种知识传播方式;三、明智地采用科学技术提高服务质量;四、确保知识的自由存取;五、尊重过去,开创未来。成为图书馆学五定律在新时代的新发展。

参考文献

[1]叶鹰主编．情报学基础教程(第三版)．北京:科学出版社,2018.

[2]叶鹰,马费成．数据科学兴起及其与信息科学的关联．情报学报,2015,34(6):575 -580

[3] Garfield, E. Bradford's law and related statistical patterns. *Current Contents*, 1980(19):5 -12

[4] Lotka J. A. The frequency distribution of scientific productivity. *Journal of Washington Academy Sciences*,1926,16:217 -23

[5]Egghe,L.. Power laws in the information production process:Lotkaian informetrics. Oxford:Elsevier,2005

[6] Zipf, G. K.. Human bebavior and the principle of least effort. New York: Hafner,1972

[7]Egghe,L. and R. Rousseau. Size - frequency and rank - frequency relations, power laws and exponentials:a unified approach. *Progress in Natural Science*, 2003,13(6):478 -480

[8] Newman, M. E. J.. Power laws, Pareto distributions and Zipf's law. *Contemporary Physics*, 2005,46(5):323 -351

[9]Ye,F. Y.. A Theoretical Approach to the Unification of Informetric Models by Wave - heat Equations. *Journal of the American Society for Information Science and Technology*,2011,62(6):1208 -1211

[10]Ye,F. Y.. A progress on the shifted power function for modeling informetric laws. *Malaysian Journal of Library and Information Science*,2014,19(1):1 -15

[11]Ranganathan,S. R.. The Five Laws of Library Science (2nd ed). Madras: The Madras library association;London:Blunt,1957

[12] Crawford, W. & Gorman, M.. Future Libraries: Dreams, Madness & Reality. Chicago:American Library Association,1995

第三章　书理缘起

需要书理学的缘由涉及理论与实践,实践源自图书馆事业发展所需,理论则缘起图书馆学和科学哲学。

3.1　缘起图书馆学

从图书馆学发展史看,自从德国图书馆员马丁·施莱廷格(Martin Schrettinger,1772-1851)于1807年首次提出"图书馆学"(Bibliothekswissenschaft)这一术语以来,图书馆学已有200年余历史。200多年来,图书馆学理论进化中可以作为里程碑式的记录主要有[1-2]:

德国费里德里什·阿道夫·艾伯特(Friedrish Adolf Ebert,1791-1834)在1820年出版的《图书馆员教育》一书和丹麦莫尔贝希(Christian Moltbetch,1783-1857)于1829年出版《论公共图书馆》一书中将图书馆学体系结构系统化,从而建构出早期的艾伯特-莫尔贝希图书馆学体系。

美国麦维尔·杜威(Melvil Dewey,1851-1931)1876年出版《十进制图书分类法》,并于1887年创办哥伦比亚大学图书馆学院,开始了图书馆职业培训;1928年,芝加哥大学图书馆学院成立,标志着图书馆学理论的规范化学术探索扬帆起航。

20世纪30年代,美国著名图书馆学家、芝加哥学派创始人之一巴特勒

(P. Butler)教授开始倡导图书馆学的“科学化”,在1931年出版的《图书馆学导论》中[4],他提出:“图书馆是将人类记忆传递于现今人们意识中的一个社会装置”“图书馆是保存人类记忆的一种社会装置”[3],这是历史上真正能成为图书馆学基础理论的第一个样本:由于每个人贡献的知识都汇集到图书馆中形成社会记忆,每个人又都可以通过图书馆共享社会记忆,整个社会就有了记忆能力,人类知识就能保存在社会记忆中得以延续。芝加哥学派传人谢拉(J. H. Shera)说:“图书馆作为一个社会有机体而存在。图书馆是一个组织,是一个保存和便于利用的文字记载系统。它是一种工具,在对任何社会和文化都非常重要的交流网中起着联系的作用”[4],并进而提出社会认识论。这样,巴特勒和谢拉的图书馆学思想,开启了西方主流图书馆学理论。

印度图书馆学者阮冈纳赞(S. R. Ranganathan,1892－1972)在1931年所提出的图书馆学五定律[5]或五法则(一、书是为了用的;二、每个读者有其书;三、每本书有其读者;四、节省读者的时间;五、图书馆是一个生长着的有机体),影响甚为深远,得到了广泛的认同,体现了图书馆的职业精神。虽然阮冈纳赞图书馆学五定律从表面上看很通俗,但实际上却很深刻,它从根本上阐明了图书馆应该为之努力的目标,因而也一直被图书馆界尊为图书馆学基础理论的经典之一。

1995年,美国图书馆学家克劳福特(Walt Crawford)和戈曼(Michael Gorman)合著了《未来的图书馆:梦想、狂热与现实》(*Future Libraries:Dreams,Madness and Reality*)一书[6],针对阮冈纳赞提出的“图书馆学五定律”,提出“图书馆学新五律”(一、图书馆服务于人类文化素质;二、重视各种知识传播方式;三、明智地采用科学技术提高服务质量;四、确保知识的自由存取;五、尊重过去,开创未来),标志理论探索迈向新时代。

此外,中国图书馆学界众所周知的杜定友的“书－人－法三位一体”说、刘国钧的“图书－人员－设备－方法四要素说”和“读者－图书－领导与干部－工作方法－建筑与设备五要素说”、宓浩等的“知识交流论”等,也都是具有历史意义的图书馆学理论假说[7-8]。

继承以上理论资源,在系统论、信息论、控制论的思想方法指导下运用数理方法对图书馆系统进行抽象分析研究,就形成书理学[9]。

著名思想家爱默生(R. W. Emerson,1803－1882)在号称美国知识独立宣言的

《美国学者》(*The American Scholar*)[10]中说过:"书籍的理论是高尚的(The theory of books is noble)。"书业人员和图书馆员确实希望有一个高尚的书籍理论,既能指导工作实践,也能导引理论研究。从巴特勒(P. Butler)的社会记忆说、阮冈纳赞(S. R. Ranganathan)的图书馆学五定律,到杜定友、刘国钧先生等的要素说①,无不表达了前辈学者孜孜不倦的探求,此即书理学的图书馆学缘起。

3.2 缘起科学哲学

从学术发展史看,哲学作为学术的母体,曾生生不息地产生科学:当一门学问在理论与方法上足以自立时,就会从哲学(包括针对自然的自然哲学或博物学以及针对社会的社会哲学)中分化独立出来成为一门科学。在哲学与科学的关联中,科学哲学构成重要一环。科学哲学关注科学的基础、方法和意义,其研究的中心问题是什么学科有资格称为科学、科学理论的可靠性和科学的终极目的以及科学与真理的关系等。尽管哲学的历史很悠久,科学哲学却是20世纪中期逻辑实证主义兴起后才成为一个独立的分支。1962年托马斯·库恩在名著《科学革命的结构》中引进"范式"(paradigm)说[11],明确了范式在科学发展中的重要意义。如今,取得科学哲学认同的科学发展范式主要有三类:

(1)"累积式":源自亚里士多德,认为科学发展遵循"现象观察-归纳-原理-演绎-解释现象"范式。

(2)"科学革命式":源自库恩,认为科学发展遵循"常规科学-反常-危机-革命-新的常规科学"范式。

---

① 杨昭悊先生早在1922年出版的《图书馆学》中就提出过"经费、建筑、设备是经营图书馆的要素","管理部、评议部是组织图书馆的要素"说;1929年陶述武先生也提出过书籍、馆员与读者三要素说;而杜定友先生1932年提出的书、人、法三要素说和刘国钧先生1934年提出的图书、人员、方法和设备四要素说以及1957年提出的图书、读者、干部、房屋设备、工作方法五要素说影响较大。参见:杜定友.图书馆管理方法之新观点.杜定友图书馆学论文选集.书目文献出版社,1988;刘国钧.图书馆学概论.图书情报工作,2007,51(3):6-10。

(3)“问题证伪式”:源自波普尔[12],认为科学发展遵循“科学问题－假说－证伪－新的问题”范式。波普尔说过:“应当把科学设想为从问题到问题的不断进步——从问题到愈来愈深刻的问题。”恰巧波普尔的“三个世界理论”已被英国情报学家布鲁克斯用作情报学的哲学基础[6],并在图书情报界产生了广泛影响。

在以上三种范式中,“累积式”适合理解无公认理论的经验科学,“科学革命式”适合理解有公认理论的理论科学,“问题证伪式”则适合理解面向问题展开研究的实证科学。而经验科学经过实证积累逐步走向理论科学则是常规科学发生、发展和成熟之途。

于是,从科学发生和科学哲学看,图书情报学尚属经验科学,正在经历实证积累。而依照科学哲学认知,任何科学都应具有以下特性:

(1)逻辑性。该特性指明任何科学的构造和推理应符合逻辑。逻辑,尤其是形式逻辑,作为西方学问的根基,并非科学所独有,但却是科学所必需。曾有“李约瑟之问”为什么近代科学没有在具有悠久深厚文化的中国产生,其中最根本的原因就是中国传统文化中没有形式逻辑的基因。

(2)可检验。该特性指明任何科学均可被客观地证实(存在大量主要正例,允许少量次要例外但需解释)或证伪(存在判决性或关键性反例)。可检验是科学必须具备的性质,不能检验的学说不是科学(可以是人文)。

(3)定量化。该特性指明任何科学应能定量描述,也就是采用适当测度或变量构成某些关联后可用数学表述和数据支持。这一状况正如马克思所认为“一种科学只有在成功地运用数学时,才算达到了真正完善的地步”①。

图书情报学作为科学,就应当符合逻辑,并遵循可检验和定量化准则。通常,科学理论是由一系列概念、判断、推理等组成的逻辑系统,图书情报学若要成为科学,其理论内核也应当形成由概念、判断、推理等构成的逻辑系统。同时,科学研究方法的特征由科学特性所决定,而科学特性则由科学研究方法所维系,这为科学化图书情报学提供了方法论思路,也成为书理学的科学哲学缘起。

综上,产生书理学的缘由自然而坚实,如朝阳将喷薄而出。

① 源出保尔·拉法格:《摩尔和将军:回忆马克思恩格斯》,人民出版社,1982年,系转述。

参考文献

[1]黄宗忠．图书馆学体系的沿革与重构．图书与情报,2003(3):2－9,54;图书馆学体系的沿革与重构(下).图书与情报,2003(4):2－5

[2]范并思,彭伟.20世纪图书馆学情报学基础理论．见戴维民主编:20世纪图书馆学情报学．北京:北京图书馆出版社,2002,1－31

[3]Butler,P. An Introduction to Library Science. Chicago:University of Chicago Press,Reprinted in Richardson,1992

[4]Butler,P. An Introduction to Library Science. Chicago:University of Chicago Press,1933;Reprinted in Richardson,1992;谢拉,J. 张沙丽译．图书馆学引论．兰州:兰州大学出版社,1986,70－71

[5]Ranganathan,S. R.. The Five Laws of Library Science (2nd ed). Madras:The Madras Library Association;London:Blunt,1957

[6] Crawford, W. & M. Gorman. Future Libraries: Dreams, Madness & Reality. Chicago:American Library Association,1995

[7]于良芝．图书馆学导论．北京:科学出版社,2003

[8]王子舟．图书馆学基础教程．武汉大学出版社,2003

[9]叶鹰．书理学论纲．中国图书馆学报,2008,34(1):22－26

[10]Emerson,R. W.. The American Scholar. An Oration Delivered before the Phi Beta Kappa Society,at Cambridge,August 31,1837. http://www. emersoncentral. com/amscholar. htm

[11]托马斯·库恩;金吾伦,胡新和译．科学革命的结构．北京:北京大学出版社,2003

[12]卡尔·波普尔;舒炜光等译．客观知识．上海:上海译文出版社,2001

中篇 02

书理学核心

第四章　理论构造

书理学的理论构造包括表观研究中的抽象建模和机理分析以及内容研究中的知识测度与技术分析。

4.1　抽象建模

书理学的理论结构首先通过抽象建模和机理分析获得，针对图书馆表观形式的逻辑建构过程如下[1-2]：

在系统论、信息论、控制论的思想框架下用分析方法考察图书馆，图书馆在本质抽象上是一个信息输入与输出系统。无论对传统纸质图书馆、现代数字图书馆，以至虚拟图书馆等图书馆形态，从外界看来，不外看见以书刊收集等形式存在的信息输入和通过借阅、咨询等提供服务的信息输出，因此，从外部观察，任何图书馆均可抽象为一个如图 4－1 所示的信息输入和输出系统模型：

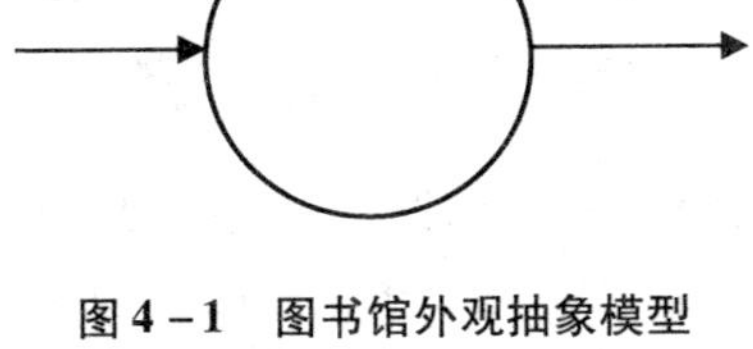

图 4－1　图书馆外观抽象模型

其中 i 为流入信息量、I 为流出信息量，i 流经图书馆后变成 I，故可引入一外观图书馆函数 L 来描述，使：

$$iL = I \tag{4-1}$$

将(4－1)写成函数形式就是：

$$L = L(i, I) \tag{4-2}$$

图书馆函数 L 蕴涵的意义是图书馆吞吐信息的能力：当 $L > 1$ 时，表明信息流经图书馆后有增殖，图书馆对信息有增强效应；而当 $L < 1$ 时，表明信息流经图书馆后有衰减，图书馆对信息有阻塞效应；若 $L = 1$，则图书馆形如虚设，对流经信息不起作用。图书馆学研究就是要力争使 $L > 1$ 和避免 $L < 1$。

再从图书馆内部看，图书馆人员和图书馆馆藏中蕴涵的知识以及设备中体现的技术等，都是知识和技术的象征，故可以用知识 K 和技术 T 作为表征图书馆内部构成和性能的抽象指标。这样，图书馆内观抽象模型如图 4－2 所示：

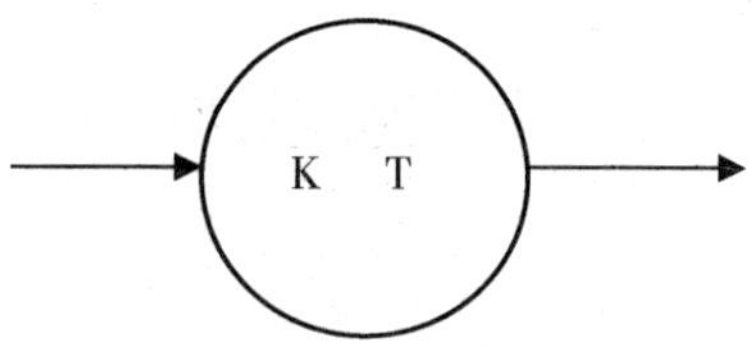

图 4－2　图书馆内观抽象模型

引进反映图书馆内部结构的内观图书馆函数 N，其形式就是：

$$N = N(K, T) \tag{4-3}$$

综合图 4－1 和图 4－2，就得到一个简单的图书馆抽象模型，如图 4－3 所示：

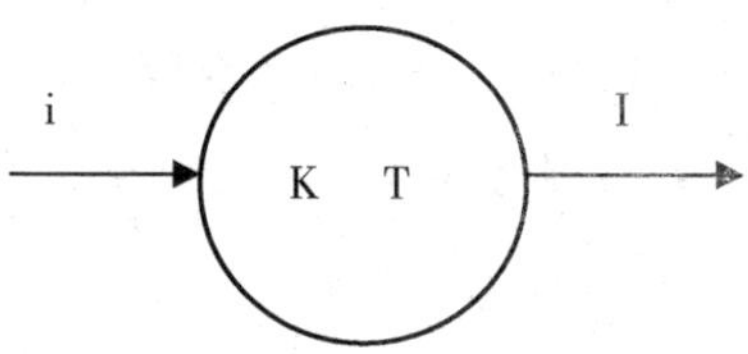

图 4－3　图书馆抽象模型

其中内观图书馆参量 K、T 代表着图书馆的结构，外观图书馆参量 i、I 代表着图书馆的功能，当图书馆处于内外动态平衡即结构与功能匹配时，在数学表示上就是(4－2)与(4－3)相结合得到图书馆基本方程：

$$N(K,T)=F[L(i,I)] \tag{4-4}$$

或：

$$L(i,I)=f[N(K,T)] \tag{4-5}$$

其中 F 和 f 表示函数关系。此即图书馆的抽象分析模型和基本方程。

进一步分析，输入图书馆的信息 i 通过与图书馆内存在的知识 K 相互作用，形成图书馆的资源 R，这是图书馆的基础结构要素；利用图书馆的技术 T 推送出信息 I 就是图书馆的服务 S，这是图书馆的基本功能要素；而综合知识 K 与技术 T 的关键要素就是图书馆的人员 H，这是图书馆的核心要素；因此，以上抽象模型中蕴涵三大要素，即资源 R、人员 H 和服务 S，如图 4－4 所示：

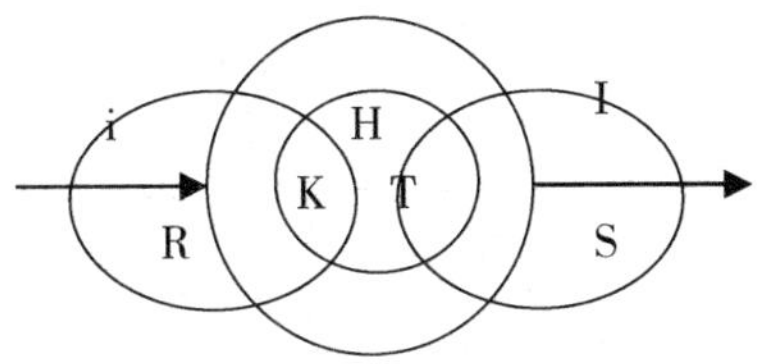

图 4－4　图书馆要素模型

信息资源 R 是对当今图书馆内收集保存的所有载体化信息的总称，既包括传统十大文献信息源，也包括发展中的数字信息资源，以及以后可能出现的新型信息资源类型，也就是说，可用“信息资源”概括过去的图书、期刊、文献和当代数字化资源，以及这些资源的未来发展。其基础是“书”，故简称“书”。

所有知识和技术都以人为枢纽运作，人是知识和技术的载体，即具有文化或知识的能动主体——文化人或知识人——因此要素 H 既包括承载文化的图书馆员，也包括图书馆中所有知识的主体和技术的操控者，其关键是“人”，故简称“人”。人与知识或技术互为表里：但人作为显变量时，知识或技术就是隐变量；反之，若知识或技术成为显变量，人就是隐变量。

信息或知识服务 S 则是利用图书馆的信息资源或知识资源满足读者或用户的需求，可将信息资源转化出知识价值，其核心含义是“用”，故简称“用”。

因此，抽象图书馆是一个具有输入与输出信息功能和知识与技术结构的系统，其核心要素可整合为资源（书）、人员（人）和服务（用）。这就是分析图书馆学提炼出的“书－人－用”轴心。

加上用户(读者)反馈U后的自适应系统分析模型如图4－5：

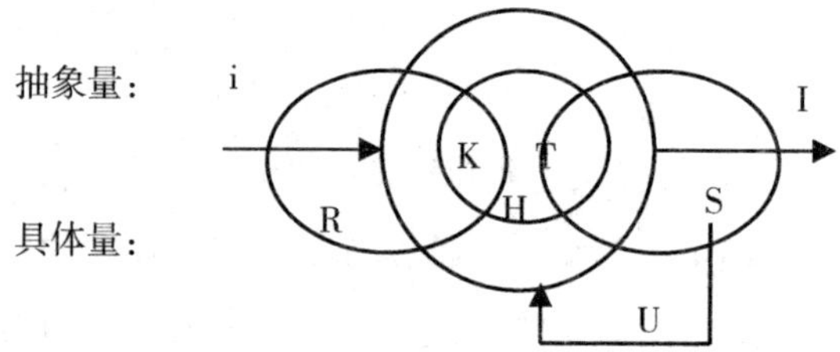

图4－5 图书馆分析模型

用户正是通过反馈机制U加入到了图书馆人员要素H中。

表述图4－4和图4－5的图书馆要素方程可写为：

$$U(S)=F(R,H) \quad (4-6)$$

其含义是让具有用户反馈的服务与图书馆拥有的资源和人员达成平衡。

在上述“书－人－用”轴心基础上，分析图书馆学已提出“书是基础、人是关键、用是目的”三条原则。其中“书是基础”点化了图书馆本体论——图书馆存在的本质是基于以书为代表的信息资源，这是对阮冈纳赞图书馆学五定律中第二定律“每个读者有其书”、第三定律“每本书有其读者”的概括；“人是关键”则体现了图书馆认识论——通过人的文化活动来认识图书馆，也是对克劳福特－戈曼“图书馆学新五律”中第一定律“图书馆服务于人类文化素质”、第二定律“重视各种知识传播方式”的综括；“用是目的”则体现了图书馆价值论——图书馆对于人和社会的价值主要就是能被“用”，这也是对阮冈纳赞图书馆学五定律中第一定律“书是为了用的”、第四定律“节省读者的时间”和克劳福特－戈曼“图书馆学新五律”中第三定律“明智地采用科学技术提高服务质量”、第四定律“确保知识的自由存取”的综合。“书是基础、人是关键、用是目的”三原则相结合，既能包容从藏书楼到图书馆的历史演化，也能解说图书馆的未来发展。书、人、用相综合，就构成了结构－功能－效用一体化的图书馆，也是对阮冈纳赞图书馆学五定律中第五定律“图书馆是一个生长着的有机体”和克劳福特－戈曼“图书馆学新五律”中第五定律“尊重过去，开创未来”的总括。因此，“书是基础”“人是关键”“用是目的”三原则相结合，既可以作为分析图书馆学核心理念，也可以作为阮冈纳赞图书馆学五定律和克劳福特－戈曼图书馆学新五律中图书馆学核心精神的简明表述，应是图书馆基础理论中稳定的理论内核。

由“一个轴心、三条原则”构成的图书馆学理论内核与现有的图书馆学教科书中的基础理论要素兼容且更加紧凑，也是对图书馆要素论[3-4]的继承和发展，在现代图书馆学中“书－人－用”轴心可等意转换为“信息资源－文化知识－信息服务（简称资源－知识－服务）”。

“信息资源”是对当今图书馆内收集保存的所有载体化信息的总称，既包括传统十大文献信息源，也包括发展中的数字信息资源，以及以后可能出现的新型信息资源类型，也就是说，可用“信息资源”概括过去的图书、期刊、文献和当代数字化资源，以及这些资源的未来发展。

“文化知识”中文化二字既包含文化学鼻祖、英国学者泰勒（E. B. Tylor，1832－1917）在1871年《原始文化》中提出的著名文化定义：“所谓文化或文明乃是包括知识、信仰、艺术、道德、法律、习俗以及包括作为社会成员的个人而获得的其他任何能力、习惯在内的一种综合体”，同时也赋予其特定的三层含义：文字化、文献化、人文化。文字是人类文明的重要基础之一，有文字才会出现用文字记录的信息载体；文字化的扩展是包括图像、音频、视频等的多媒体化，多媒体化是文字化的延伸。而文献是知识客体——波普尔哲学中“客观知识”的载体，文献中承载了文化知识，文献化本身也是一种文化。所有文化通过人综合体现出来，就是人文化。人既是知识的主体，也是文化的关键。

“信息服务”，就是利用图书馆的资源和知识满足读者或用户的需求、将信息资源转化出知识价值。随着新技术的应用和社会的向前发展，图书馆的服务不仅包括对读者或用户个人的协助行为，也包含对全人类更高理想实现的促进活动。因此，克劳福特－戈曼“图书馆学新五律”中用第一定律“图书馆服务于人类文化素质（Libraries Serve Humanity）”来表达这一图书馆的重要使命。

“资源－知识－服务”不仅可以涵盖古代的“图书－藏书－读书”，也蕴涵了近现代的“文献－治学－学习”，甚或现当代的“信息－管理－用户”，因此，无论过去或将来，图书馆学研究的主线都围绕“资源－知识－服务”波动。“资源－知识－服务”构成图书馆学研究的一条相对恒定的线索，这表明“资源－知识－服务”确实就是图书馆学研究的轴心。“资源－知识－服务”不仅可以包容图书馆发展的历史演变、解释研究现状，而且可以推论图书馆的未来发展。

在图书馆学研究中,对信息资源－文化知识－信息服务轴心的关注重心不同,可以形成三大流派:

(1)信息资源主导流派:强调信息资源最重要,认为信息资源在图书馆中居于核心地位,并据此主张建立信息资源主导型图书馆(学)。

(2)文化知识主导流派:强调文化知识最重要,认为文化知识在图书馆中居于核心地位,并据此主张建立文化知识主导型图书馆(学)。其中又可分为两支派:认为知识是文化知识的关键者可能形成重知识支派,导致知识主导型图书馆(学);认为技术是文化知识的体现者可能形成重技术支派,导致技术主导型图书馆(学)。

(3)信息服务主导流派:强调信息服务最重要,认为信息服务在图书馆中居于核心地位,并据此倡导建立信息服务主导型图书馆(学)。

在上述一个轴心基础上,图书馆学应遵循的理论原则可以自然推论为三条,这些原则与前人理论[6-8]兼容,即:

第一原则:信息资源是基础。"信息资源是基础"包括了"文献是基础""书刊是基础""书是基础"等命题,因此,以最早的信息资源形式——书作为代表,可用"书是基础"作为"信息资源是基础"的简化表述。同时,"书是基础(信息资源是基础)"也点化了图书馆本体论——图书馆存在的本质是基于以书为代表的信息资源。这是对阮冈纳赞图书馆学五定律中第二定律"每个读者有其书(Every reader his/her book)"、第三定律"每本书有其读者(Every book its reader)"的概括。在理论上,"书是基础"揭示了图书馆的物质基础和图书馆学的研究对象;在实践中,对以书为代表的信息资源的认识不同,可导致不同的信息资源收集或采购策略。

第二原则:文化知识是关键。文化知识包括了图书馆中各类信息资源中蕴涵的知识和各类工作人员承载的知识。蕴涵于载体化信息中的知识,是客观知识;人拥有的知识,是主观知识;主观知识和客观知识在人的认识中得到统一,人成为知识的载体、文化的关键,因此,第二原则也可以简化表述为"人是关键"。同时,"人是关键(文化知识是关键)"体现了图书馆认识论——通过人的社会文化活动来认识图书馆。这也是对克劳福特－戈曼"图书馆学新五律"中第一定律"图书馆服务于人类文化素质(Libraries serve humanity)"、第二定律"重视各种知识传播方式(Respect all forms by which knowledge is communicated)"的综括。在理论上,"人是关键”表明了图书馆的精神本质和图书馆学的研究重心，也是“以人为本”的学理基础；在实践中，对文化知识作用的认识不同，将直接导致不同的人才配置和业务管理政策。

第三原则：信息服务是目的。图书馆存在的价值，最终通过信息服务体现出来。信息服务，也就是要让读者或用户来利用图书馆，因此，“信息服务是目的”也可以简化表述为“用是目的”。同时，“用是目的（信息服务是目的）”体现了图书馆价值论——图书馆对于人和社会的价值主要就是能被“用”。这也是对阮冈纳赞图书馆学五定律中第一定律“书是为了用的（Books are for use）”、第四定律“节省读者的时间（Save the time of the reader）”和克劳福特－戈曼“图书馆学新五律”中第三定律“明智地采用科学技术提高服务质量（Use technology intelligently to enhance service）”、第四定律“确保知识的自由存取（Protect free access to knowledge）”的综合。在理论上，“用是目的”指明了图书馆的存在价值和图书馆学的研究方向；在实践中，对信息服务作用的认识不同，将直接导致不同的读者－用户服务方略。

总之，“书是基础”“人是关键”“用是目的”三原则相结合，构成图书馆基础理论中长期稳定的理念内核，既能解释从藏书楼到图书馆的历史演化，也能说明图书馆的未来发展。信息资源、文化知识与信息服务相综合，就构成了结构－功能－效用一体化的图书馆，正好符合图书馆的分析定义①。这也是对阮冈纳赞图书馆学五定律中第五定律“图书馆是一个生长着的有机体（A library is a growing organism）”和克劳福特－戈曼“图书馆学新五律”中第五定律“尊重过去，开创未来（Honor the past and create the future）”的总括。因此，“书是基础”“人是关键”“用是目的”三原则相结合，既可以作为图书馆学核心理念，也可以作为阮冈纳赞图书馆学五定律和克劳福特－戈曼图书馆学新五律中图书馆学核心精神的简明表述。

信息资源－文化知识－信息服务的综合集成和一体化是图书馆存在的基础——没有信息资源，图书馆就失去源头活水；没有信息服务，图书馆就失去存在价值；没有文化知识，图书馆就失去维系核心——信息资源、文化知识与信息服务相辅相成，构成图书馆的“三位一体”。但是，这个带有分析基础的、定性与定量相

---

① 图书馆是具有服务功能和效用价值的大量有序信息的集合。

结合的“资源－知识－服务三位一体”已经超越了杜定友先生纯粹定性的“书－人－法三位一体”假说，体现了理论进化的“螺旋式上升”发展并成为书理的内核。

4.2 机理分析

将“书－人－用”轴心符号化为 $R-H-S$，由于影响 R,H,S 的关键因素是经费（资金）M 和时间 t，于是有

$$R=R(M,\dot{M},t) \tag{4-7}$$

$$H=H(M,\dot{M},t) \tag{4-8}$$

$$S=S(M,\dot{M},t) \tag{4-9}$$

其中

$$\dot{M}=\frac{dM}{dt} \tag{4-10}$$

是资金相对于时间的变化率。

按照资源和人员投入成本极小化和服务效益极大化的思想，把图书馆系统类比为物理系统，可用以下泛函数作为图书馆的 Lagrange 函数：

$$L=L(M,\dot{M},t)=R(M,\dot{M},t)H(M,\dot{M},t)-S(M,\dot{M},t) \tag{4-11}$$

因为相应的 Hamilton 原理（变分原理）恰好可以体现投入成本极小化和服务效益极大化的思想：

$$\delta A=\delta\int L(M,\dot{M},t)\,dt=\delta\int(RH-S)\,dt=0 \tag{4-12}$$

其中 A 为系统作用量。

这一处理方法体现了“书的原理”“书的道理”和“书的物理”，故简称“书理”。

对(4－12)作变分运算得：

$$\delta A=\int\delta(RH-S)\,dt=\int(R\delta H+H\delta R-\delta S)\,dt=\int[R(\frac{\partial H}{\partial M}\delta M+\frac{\partial H}{\partial \dot{M}}\delta\dot{M})$$

$$+H(\frac{\partial R}{\partial M}\delta M+\frac{\partial R}{\partial \dot{M}}\delta\dot{M})-(\frac{\partial S}{\partial M}\delta M+\frac{\partial S}{\partial \dot{M}}\delta\dot{M})]dt=0 \tag{4-13}$$

由于

$$\frac{\partial X}{\partial \dot{M}}\delta\dot{M}=\frac{\partial X}{\partial \dot{M}}\frac{d}{dt}\delta M=\frac{d}{dt}(\frac{\partial X}{\partial \dot{M}}\delta M)-(\frac{d}{dt}\frac{\partial X}{\partial \dot{M}})\delta M;X=R,H,S \tag{4-14}$$

故(4－13)成为:

$$\delta A=(\frac{\partial H}{\partial \dot{M}}+\frac{\partial R}{\partial \dot{M}}-\frac{\partial S}{\partial \dot{M}})\delta M+\int[R(\frac{\partial H}{\partial M}-\frac{d}{dt}\frac{\partial H}{\partial \dot{M}})$$

$$+H(\frac{\partial R}{\partial M}-\frac{d}{dt}\frac{\partial R}{\partial \dot{M}})-(\frac{\partial S}{\partial M}-\frac{d}{dt}\frac{\partial S}{\partial \dot{M}})]\delta Mdt=0 \tag{4-15}$$

因 $\delta M\neq 0$,故(4－15)分解为两项:

$$\frac{\partial H}{\partial \dot{M}}+\frac{\partial R}{\partial \dot{M}}-\frac{\partial S}{\partial \dot{M}}=0 \tag{4-16}$$

$$R(\frac{\partial H}{\partial M}-\frac{d}{dt}\frac{\partial H}{\partial \dot{M}})+H(\frac{\partial R}{\partial M}-\frac{d}{dt}\frac{\partial R}{\partial \dot{M}})=\frac{\partial S}{\partial M}-\frac{d}{dt}\frac{\partial S}{\partial \dot{M}} \tag{4-17}$$

(4－17)移项得:

$$R\frac{\partial H}{\partial M}+H\frac{\partial R}{\partial M}-\frac{\partial S}{\partial M}=\frac{d}{dt}(\frac{\partial H}{\partial \dot{M}}+\frac{\partial R}{\partial \dot{M}}-\frac{\partial S}{\partial \dot{M}}) \tag{4-18}$$

(4－16)代入(4－18)得:

$$R\frac{\partial H}{\partial M}+H\frac{\partial R}{\partial M}=\frac{\partial S}{\partial M} \tag{4-19}$$

此即图书馆系统的动力方程。其含义是在图书馆系统中,资源乘人员对资金的变化率加上人员乘资源对资金的变化率等于服务对资金的变化率。

如把时间和资金视作常量,将偏微分视为常微分,则(4－19)相当于:

$$RdH+HdR=dS \tag{4-20}$$

(4－20)的现实含义是服务的增量等于资源乘人员增量加上人员乘资源增量。或:

$$S=\int(R\frac{\partial H}{\partial M}+H\frac{\partial R}{\partial M})dM \tag{4-21}$$

即图书馆服务等于资源乘人员对资金的变化率加上人员乘资源对资金的变化率对资金的积分。这也是对图书馆要素方程(4-6)的一种具体化表述。

(4-19)(4-20)和(4-21)三式揭示:当人员和资源相对于资金变化率相等时,资源量和人员量越大的图书馆产生的服务增量越大,服务总量也更大,亦即大馆的投资效益大于小馆(但注意同样的人员和资源相对于资金变化率所需资金,小馆总是小于大馆)。这是书理学采用分析方法获得的非直观结果,也是对分析图书馆学的理论拓展。

在抽象模型基础上展开分析研究,可以利用数学分析法。

从抽象图书馆基本方程(4-4)或(4-5)思索,应能找出知识水平 K、技术水平 T 与抽象图书馆输入信息 i 和输出信息 I 之间的具体定量关系,才能进行量化分析。

于是,寻求信息与知识之间的关系成为一个关键问题。著名英国信息学家 Brookes 曾考虑过该问题[5],但他提出的新知识(NK)由已有知识(K)加上新增信息(dI)构成并不能解决新增知识(dK)与新增信息(dI)的关系问题,而从逻辑上我们也只能说新知识(NK)应由已有知识(K)加上新增知识(dK)构成(NK = K + dK),故在已有理论中不能找到现成答案。现从一般意义上进行分析:一方面,信息与知识之间是有区别的;另一方面,信息与知识又是相互联系并可以相互转化的,由此作为思考切入点,可望发现量化线索。

信息与知识之间的区别是显然的,可以举出通常是知识而不是信息的例子,如:3×3=9;地球绕日运行。也可以举出通常是信息而不是知识的例子,如:下雨了;涨价了。同时,在表达形式上,知识常用判断句、规则(若……则……,if … then)语句和语义网络、公式等表达,而信息常用存在句、陈述句、图表、数据等表达;在实质内容上,知识一般具有内在结构,而信息则主要体现在具有功能上。这种区别类似人工智能和专家系统设计中知识库与数据库(信息库)的区别。

但信息与知识又是相互联系的,要理解吸收信息必需一定的知识基础,如果不知道“价格上涨”等的含义,当然无从理解“涨价了”这一信息。同时,知识一般不成为信息,尤其是已成为人类公有知识的常识,但在特定情况下,知识也可能转化为信息,如约定以“九九八十一”暗示成功,则“九九八十一”就传达了“成功”这一信息。从信息积累中找出规律性,就可以构成知识。

可以考虑的思路是:转化为知识的信息是有效信息,只有有效信息才能转化成知识(无效和冗余信息则无此功能),这样,设有效信息为 J,则 J 可以引入下式度量:

$$J = I^{V} \tag{4-22}$$

其中 $V \in [0,1]$ 是信息的价值系数,当 V = 1 时,J = I,所有信息都是有价值的;而当 V = 0 时,J = 1,可以认为只是告诉了有信息存在这一消息; $V \in (0,1)$ 时,一些特殊值恰好与 Rescher 模型和 Rousseau 定律(重要文献是文献总数的平方根)对应:

	V	J
常规信息:	V = 1	J = I
有用信息:	V = 3/4	$J = I^{3/4}$
重要信息:	V = 1/2	$J = I^{1/2}$
非常重要信息:	V = 1/4	$J = I^{1/4}$
最重要信息:	V = 0	J = lnI(定义)

一般情况下,V 相当于价值百分比系数,V 越大表明有效信息越多。传递着的信息是 I,而真正有用的只是 J。(I - J)即为信息冗余。正是有效信息转化成了知识。

从概念上讲,有价值的信息才会使知识增加,故引入"单位信息增量产生的单位知识增量应与有价值信息量(有效信息量)成正比"这一关系是合理的,也兼顾了数学上的简单性和信息与知识含义的复合性,即:

$$\frac{dK}{dI} \propto J \tag{4-23}$$

用 δ 作为信息的知识转化系数,则

$$\frac{dK}{dI} = \delta J = \delta I^{V} \tag{4-24}$$

此时 K 的计量单位与 I 的计量单位一致。

由(4 - 24)对 I 求二阶导数得:

$$\frac{d^2K}{dI^2} = \delta v I^{V-1} \tag{4-25}$$

因(4－25)－$\frac{V}{I}$(4－24)＝0，故有：

$$\frac{d^2K}{dI^2}-\frac{V}{I}\frac{dK}{dI}=0 \tag{4-26}$$

这是无源分析模型，含义是未考虑图书馆内存在信息源的情况下获得的知识与信息之间的动力关系方程。当考虑图书馆本身也是一个信息源时，仿照系统中存在“动力”或“源”的数学模型，应在(4－26)式右端增加一个源函数$f(K)$，成为：

$$\frac{d^2K}{dI^2}-\frac{V}{I}\frac{dK}{dI}=f(K) \tag{4-27}$$

(4－27)应为图书馆知识与图书馆输出信息之间的一般方程，可称为抽象图书馆第一分析方程。

另一方面，考虑图书馆技术水平与信息的关系时，可以认为信息处理能力实质上代表着技术水平，这样，图书馆技术水平应与单位时间内图书馆对输入信息的处理量成正比，即：

$$\mathrm{T}\propto\frac{di}{dt} \tag{4-28}$$

引入图书馆的技术转化(或信息消化)系数ε，得：

$$\mathrm{T}=\varepsilon\frac{di}{dt} \tag{4-29}$$

其中T无量纲，ε计量单位为s/byte，i计量单位为byte，t计量单位为秒(s)。将(4－29)对t求二阶导数，得：

$$\frac{d^2i}{dt^2}+\left(\frac{1}{\varepsilon}\frac{d\varepsilon}{dt}\right)\frac{di}{dt}=\frac{1}{\varepsilon}\frac{dT}{dt} \tag{4-30}$$

(4－30)应为输入信息与图书馆技术水平之间的一般方程，可称为抽象图书馆第二分析方程。

此二方程在数学上均为变系数二阶线性常微分方程。

这里并不试图求出(4－27)和(4－30)的一般分析解，而是仅对特定条件下的分析解作一讨论。

在式(4－27)中，当$\mathrm{f(K)}=\frac{m^2}{I^2}K$形式时，令$x=\ln I$，因有

$$\frac{dK}{dI}=\frac{dKdx}{dx\,dI}=\frac{1}{I}\frac{dK}{dx} \tag{4-31}$$

$$\frac{d^2K}{dI^2}=\frac{d}{dI}(\frac{1}{I}\frac{dK}{dx})=\frac{1}{I^2}\frac{d^2K}{dx^2}-\frac{1}{I^2}\frac{dK}{dx} \tag{4-32}$$

故可将(4－27)变换为常系数二阶线性微分方程：

$$\frac{d^2K}{dx^2}-(1+V)\frac{dK}{dx}-m^2K=0 \tag{4-33}$$

(4－33)的特征方程为 $r^2-(1+V)r-m^2=0$，其解为二实根 $r_1=\frac{(1+V)+\sqrt{(1+V)^2+4m^2}}{2}$，$r_2=\frac{(1+V)-\sqrt{(1+V)^2+4m^2}}{2}$，于是(4－33)的通解为：

$$K=C_1\exp[r_1x]+C_2\exp[r_2x] \tag{4-34}$$

其中 C_1 和 C_2 为两积分常数。将 x = lnI 代回(4－34)，得：

$$K=C_1I^{r_1}+C_2I^{r_2} \tag{4-35}$$

这就是图书馆知识 K 与图书馆输出信息 I 之间的一个分析解，它表明图书馆知识是图书馆输出信息的复合价值指数和形式。

类似地，对于(4－30)，当 $\frac{1}{\varepsilon}\frac{d\varepsilon}{dt}=p$ 和 $\frac{1}{\varepsilon}\frac{dT}{dt}=qt$ 形式且 p,q 为常数时，(4－30)化为常系数二阶线性微分方程：

$$\frac{d^2i}{dt^2}+p\frac{di}{dt}-qt=0 \tag{4-36}$$

其通解为：

$$i=C_1\exp(\frac{-p+\sqrt{p^2+4q}}{2}t)+C_2\exp(\frac{-p-\sqrt{p^2+4q}}{2}t) \tag{4-37}$$

这是抽象图书馆输入信息 i 与技术水平 T 之间的一个分析解，它表明抽象图书馆技术水平以指数形式影响信息处理。

此外，根据图书馆函数的定义，有：

$$L=\frac{I}{i}=\frac{\frac{1}{\delta}(\frac{dK}{dI})1/V}{\frac{1}{\varepsilon}\int Tdt} \tag{4-38}$$

故

$$\frac{dK}{dI} = \left(\frac{\delta}{\varepsilon}\frac{I}{i}\int T dt\right)^{V} \tag{4-39}$$

即

$$K = \int\left(\frac{\delta}{\varepsilon}\frac{I}{i}\int T dt\right)^{V} dI \tag{4-40}$$

这表明 T 同时也间接地决定了图书馆的知识水平。

(4－40)与(4－24)的积分形式

$$K = \int \delta I^{V} dI \tag{4-41}$$

是兼容的,皆表明知识是有效信息的积分。

再考虑优化问题:从图书馆函数和图书馆方程的数学形式看,抽象图书馆的优化可分解为知识优化和技术优化两部分。

对于知识优化,由于优化点应出现在 $\frac{d^2K}{dI^2} = 0$ 处(极值原理),故由(4－27)有:

$$\frac{dK}{dI} = -\frac{I}{V}f(K) \tag{4-42}$$

对 $f(K) = \frac{m^2}{I^2}K$ 情形,上式经分离变量后成为:

$$\frac{dK}{K} = -\frac{m^2}{V}\frac{dI}{I} \tag{4-43}$$

两边积分得:

$$\ln K = -\frac{m^2}{V}\ln I + \ln C \tag{4-44}$$

C 为积分常数,即:

$$K = I^{-C\frac{m^2}{V}} \tag{4-45}$$

于是获得一系列知识优化点。

对于技术优化,同样当 $\frac{d^2 i}{dt^2} = 0$ 时,由(4－30)有:

$$\frac{di}{dt} = \frac{q}{p}t \tag{4-46}$$

解得:

$$i = \int \frac{q}{p} t dt + C = \frac{q}{2p} t^2 + C \quad (4-47)$$

C 为积分常数,这表明 $i = \frac{q}{2p} t^2 + C$ 时存在一系列技术优化点。

用同样方法还应能更进一步分析抽象图书馆的结构优化、功能优化、资源优化等深入问题,但须从图书馆函数和图书馆方程着手寻求。

4.3 内容研究:知识测度论

以上模型主要分析图书馆表观形式,当研究深入书籍内容时,需要以知识测度为基础、技术方法为支撑的理论核心,无论是针对单册书籍中的知识单元,还是针对图书馆藏书中的知识集合,如何测度知识都是根本,因而知识测度论可以作为本体－术语－知识体系轴心和知识测度－知识单元－知识集合线索的纽带。

(1)本体－术语－知识体系

本体(Ontology)原为一个哲学概念,意为物质存有的本质和规律。在被信息科学引入后,本体越来越多地作为一种帮助机器智能理解语词内涵实现推理,从而实现语义标引和检索,提高网络信息资源组织效率的有效工具。

在信息科学界,Neches 等人最早将本体定义为"给出构成相关领域词汇的基本术语和关系,以及利用这些术语和关系构成的规定这些词汇外延的规则的定义"。1993 年,Gruber 提出本体是"概念体系的规范"[6],如今发展成熟的本体通常包括以下成分:

(1)概念:也称为类,是对现实世界中个体的抽象,表示的是个体对象的集合。不同的概念具有不同的属性,其属性集合又称为概念的内涵,所对应的个体集合称为概念的外延。

(2)关系:领域中概念之间的交互关系,本体中的基本关系有四种: part－of 表示概念之间部分与整体的关系;kind－of 表示概念之间的子类关系;instance－of 表示概念的实例和概念之间的关系,也即类对象和类之间的关系;attribute－of 表示某个概念是另一概念的属性。

(3)实例:实例即现实世界中具体的个体,它对应着本体中的一个或多个概念,具有概念描述的属性和具体的属性值。

(4)公理:公理代表领域知识中的永真断言,可用于约束信息、证明正确性或者推导新信息。

Gruber 对本体研究的最大贡献是提出了本体构建及评价五原则[7]:

(1)清晰(Clarity):本体必须有效地说明所定义术语的意思。定义应该是客观的,与背景独立的。当定义可以用逻辑公理表达时,它应该是形式化的。定义应该尽可能地完整。所有定义应该用自然语言加以说明。

(2)一致(Coherence):本体应该是一致的,也就是说,它应该支持与其定义相一致的推理。它所定义的公理以及用自然语言进行说明的文档都应该具有一致性。

(3)可扩展(Extendibility):本体应该为可预料到的任务提供概念基础。它应该可以支持在已有的概念基础上定义新的术语,以满足特殊的需求,而无须修改已有的概念定义。

(4)编码偏好最小(Minimal encoding bias):概念的描述不应该依赖于某一种特殊的符号层的表示方法。因为实际的系统可能采用不同的知识表示方法。

(5)本体承诺最小(Minimal ontological Commitment):本体承诺应该最小,只要能够满足特定的知识共享需求即可。这可以通过定义约束最弱的公理以及只定义通讯所需的词汇来保证。

本体构建的目标是捕获相关的领域知识,提供对该领域知识的共同理解,确定该领域内共同认可的术语,并从不同层次的形式化模式上明确定义这些术语之间的相互关系,进而形成知识体系。因此,本体 - 术语 - 知识体系构成书籍中知识内容的轴心。以心、物二元本体架构心理学知识体系为例,可以形成如图 4 - 6 所示架构。

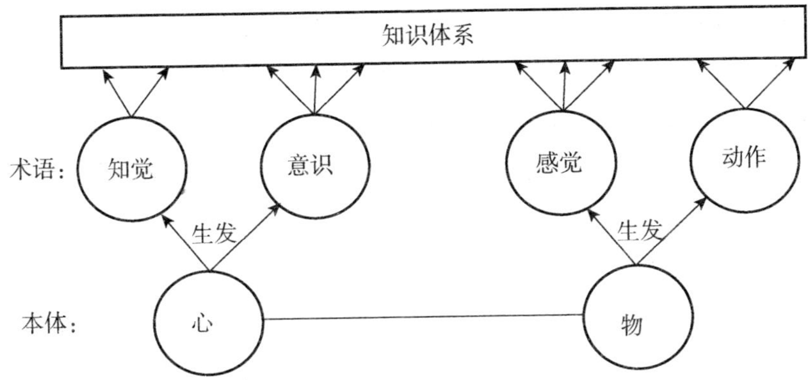

图 4－6 本体－术语－知识体系示例

书理学所需本体－术语－知识体系架构如图 4－7。

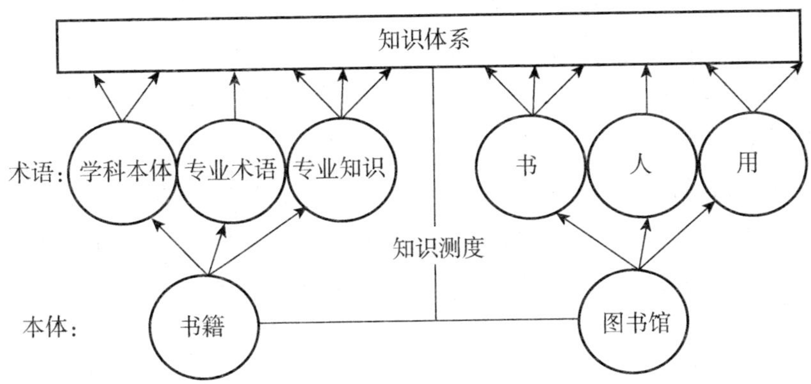

图 4－7 书理学的本体－术语－知识体系

由于本体和术语在语义上都是概念,所以可以构成科学理论要求的概念、判断、推理系统;而概念对应的语词应为实词,所以本体与传统图书情报学研究使用的主题词表有类似性。本体和主题词表都具有层次结构和分类体系,都是针对特定学科领域的表达。从功能角度看,主题词表可以认为是本体较低级的表现形式。主题词表和本体的主要区别在于:主题词表仅能对外界知识进行有限表示,而领域本体不仅能进行完整的知识表示,还具有智能推理功能;主题词表中的概念是单一、线性的,而领域本体则是概念的网状集合;主题词表中的概念相对稳定,而本体中概念则处于动态更新状态;此外,词间关系不同,本体可共享及复用。如今主题词表和本体的融合发展也是当前网络环境下检索语言发展的一种途径,并在数字图书馆、知识工程及语义网等研究领域得到广泛应用。

目前常用的本体开发工具有 Protégé、OntoEdit 等。其中 Protégé 由美国斯坦福大学医学院开发，使用 Java 和 Open Source 作为操作平台，可用于编制本体和知识库，有可自行设置的数据输入格式，也可通过插件来扩展一些特殊的功能如可视化、提问、XML 转换等，输出格式有文本、HTML、JDBC、RDF Schema 及 XML Schema。OntoEdit 由德国的 Ontoprise 公司开发，提供开发本体的工程环境，支持构造概念、关系、定理，不依赖于某一表述语言，利用模块和插件结构，灵活性强，并能够方便地引进专门功能和词库，支持 RDF 和 DAML，并能输入和输出数据库结构与数据（如 Oracle，MSSQL，DB2）。这些技术工具的研发和应用促成了形式本体论研究[8]的兴起。

（2）知识测度 - 知识单元 - 知识集合

中国图书馆学界对建立知识学期望已久[9]，尤以 1980 年代后为甚。然而，没有知识的测度，就不会有知识的量化体系；没有知识的量化体系，就不可能真正建立作为科学的知识学。因此，知识测度是基础。

由 H. Cleveland 于 1982 年提出原型，经 M. Zeleny 等扩展，2007 年由 J. Rowley 融会贯通的 DIKW 层级模型（或称知识金字塔）是一个可以借鉴的概念系统[10]，在该系统中，数据 D、信息 I、知识 K 和智慧 W 构成一个层级结构，如图 4 - 8 所示。

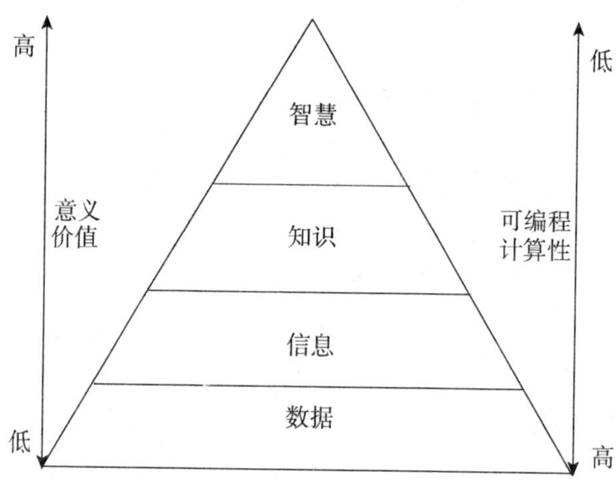

图 4 - 8　DIKW 层级模型

虽然对该模型的内涵和意义表征仍存在争议[11]，但 DIKW 模型构成的概念体系却有逻辑合理性:数据是一种基础信息,信息经过处理提炼可构成知识,知识的应用彰显智慧,而情报是活化的知识[12]或从信息中分析出的具有价值的信息[13]。依此概念逻辑,也为了便于科学合理地进行量化,将图4－8线性展开成如图4－9所示概念链。

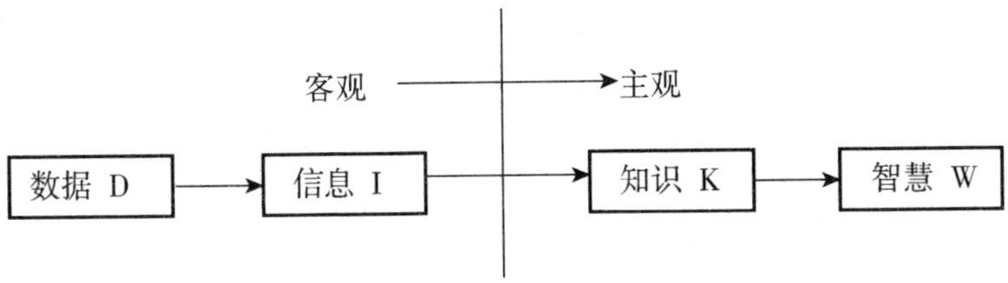

图4－9　DIKW概念链

引进中间变量物理信息i和主观信息J,可将DIKW概念链的量化逻辑表述为[14]:客观数据D经输入传递系统成为物理信息i;物理信息i经社会传递,转化为可接收的客观信息I;可接收的客观信息I经主体吸收,转化为带有主体价值判断的主观信息J;主观信息J经结构化体系化成为知识K;知识K的综合运用构成智慧W。这是一条经历了由客观到主观的传递链,按布鲁克斯的观点[5],D和I属于物理空间(客观),K和W属于认识空间(主观),从D到I的过程在客观范畴内进行,从K到W在主观范畴内进行,I和K之间经历了从客观到主观的转化(价值判断)。

严谨的定量关系首先可参照申农信息论把物理信息定义为数据D的对数(本文log表示计算时取常用对数、分析时取自然对数):

$$i = d\log D \tag{4-48}$$

其中d是数据的信息转化系数。

从物理信息i到经社会传递后的客观信息I之间需要经过传递系统,在传递过程中,客观信息I的运动服从波动－扩散方程组(2－23)和(2－24)。若将传递过程的累积信息压缩率设为p、信息损失率设为q,则I与i之间的关系简化为I＝pqi。令pq＝b作为信息传递系数,即有

$$I = bi \tag{4-49}$$

从客观信息I到主观信息J间的转化是概念链定量化的关键环节。根据对数透视原理,从客观到主观需经对数转换,同时,为描述主体价值判断,引进价值系

数 v ∈[0,1](恰好匹配 Rescher 模型),形成如下关系式:

$$J=\log I^{v}=v\log I \tag{4-50}$$

在主观信息 J 进一步转化为知识 K 的过程中,采用分析信息学的合理假说[16]:有价值的信息才会使知识增加,单位信息增量产生的单位知识增量应与有价值信息量(主观信息量)成正比,即:

$$\frac{dK}{dI}=kJ=k\ln I^{V} \tag{4-51}$$

其中 k 是信息的知识转化系数。因此,知识 K 是主观信息 J 对信息 I 的积分:

$$K=k\int JdI=k\int v\ln IdI=kvI(\ln I-1)+K_0 \tag{4-52}$$

其中 K_0 是积分常数,代表原有的知识。

上式调整后即得与布鲁克斯基本方程形式完全相同的方程:

$$K=K_0+\Delta K;\Delta K=kvI(\ln I-1) \tag{4-53}$$

这里的 ΔK = kv(lnI - 1)就是增加的知识。这一推导过程给出了布鲁克斯基本方程的机理解释。

这样,无论是把情报视为活化的知识还是有价值的信息,情报都位于主观范畴。而知识在数量上仅有数据的对数之对数。

智慧概念比较特殊,对于没有公认定义,可吸取符号主义智能观,在确认智能体是具有一定知识储备的功能体基础上,引进智能体的知识矩阵,用智能度来描述:将智能体 j 所具有的智能知识用一系列独立的知识向量或数组表示,让知识位在同一系统中保持恒定,例如按序化、推理、学习、进化、反馈、应变、协同等排列并取知识值 $a_{ik}\in[0,1]$,形成智能体 j 的知识向量 $A_j=(a_{i1},a_{i2},a_{i3},a_{i4},a_{i5},a_{i6},a_{i7},a_{i8}\ldots)$,从而可定义其知识矩阵为

$$K_j=A_j^TA_j=(r_{ik}) \tag{4-54}$$

这是一个对称方阵,$r_{ik}=\sum\limits_{j}a_{ij}a_{jk}$ 可称智识关联系数。智慧 W 用智能度或智能级(Intelligent grade)量化为:

$$W_j=tr(K_j) \tag{4-55}$$

式(4-55)揭示了智慧是智能体知识矩阵的迹。关联系数的大小决定智能体某项智能的强弱,而智能度越大的智能体表现出的智慧越高。

这样,就有了定性与定量相结合的、严谨而完善的从数据经信息和知识到智

慧的概念体系。在此知识测度论基础上,可对单一文献中的知识单元、全体书籍(图书馆)构成的知识集合[15]乃至全人类的知识系统进行分析研究,并与本体－术语－知识系统和情报学原理[16]连通。前述图书馆的抽象分析模型实际研究对象是作为知识集合的图书馆,而深入研究个体文献或书籍的内容时就需要对其中的知识单元进行界定和测度,单一文献中的知识单元如何定义和测量,图书馆中的知识集合如何定义和测量,都有待在知识测度论基础上进行研究,因此,知识测度论将是本体－术语－知识体系轴心和知识测度－知识单元－知识集合线索的纽带。

参考文献

[1]叶鹰. 图书馆学基础理论的抽象建构. 中国图书馆学报,1998,24(3):86－88

[2]叶鹰. 书理学论纲. 中国图书馆学报,2008,34(1):22－26

[3]杜定友. 图书馆管理方法之新观点. 杜定友图书馆学论文选集. 书目文献出版社,1988

[4]刘国钧. 图书馆学概论. 图书情报工作,2007,51(3):6－10

[15]Brookes,B. C.. The Foundations of Information Science. *Journal of Information Science*, 1980,2(3－4):125－133(Part I);1980,2(5):209－221(Part II);1980,2(6):269－275 (Part III);1981,3(1):3－12(Part IV)

[6] Gruber, T. R.. A Translation Approach to Portable Ontology Specifications. *Knowledge Acquisition*,1993,5(2):199－220.

[7]Gruber,T. R.. Toward Principles for the Design of Ontologies Used for Knowledge Sharing. *International Journal Human－Computer Studies*, 1995,43(5－6):907－928

[8]Poli,R.. Ontological methodology. *International Journal of Human－Computer Studies*, 2002,56(6):639－664

[9]柯平. 知识学研究导论. 图书情报工作,2006,04:6－10＋34.

[10]Rowley,J.. The Wisdom Hierarchy: Representations of the DIKW Hierarchy. *Journal of Information Science*,2007,33(2):163－180

[11]Frické, M. (2009). The Knowledge Pyramid: A Critique of the DIKW Hierarchy. *Journal of Information Science*, 35(2):131-142

[12]钱学森．科技情报工作的科学技术．情报理论与实践，1983，6(6)：3-10

[13]郑彦宁，化柏林．数据、信息、知识与情报转化关系的探讨．情报理论与实践，2011，34(7)：1-4

[14]Ye, F. Y.. Measuring Knowledge: A Quantitative Approach to Knowledge Theory. *International Journal of Data Science and Analysis*, 2016, 2(2), 32-35

[15]王子舟．知识集合初论——对图书馆学研究对象的探索．中国图书馆学报，2000，26(4)：7-12

[16]马费成．论情报学的基本原理及理论体系构建．情报学报，2007，26(1)：3-13

第五章 方法框架

书理学采用通用主流定量科学方法，其主导方法是建模、分析和实验，尤其是基于以抽象图书馆学和分析图书馆学为主的量化分析方法，本章特用书理学方法处理数字图书馆为例加以说明。

5.1 模型方法：数字图书馆建模例

一个轴心、三大原则已经建立了图书馆学基础理论的定性分析内核，该内核提供的抽象化模型是三参量模型，如图 5－1。

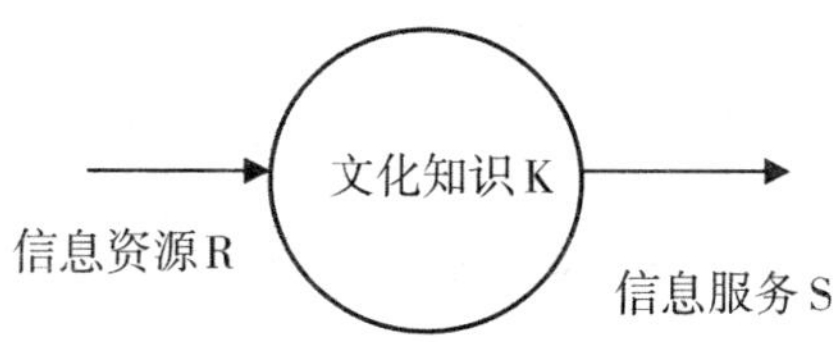

图 5－1 图书馆的三参量模型

这构成信息资源－文化知识－信息服务一体化思想，信息资源是图书馆赖以存在的基础，文化知识是图书馆的核心本质，信息服务是图书馆的最终目的，图书馆就是一个以信息资源为基础、文化知识为核心、信息服务为目的的集成系统。

“信息资源”是对当今图书馆内收集保存的所有载体化信息的总称，既包括传统十大文献信息源,也包括发展中的数字信息资源,以及以后可能出现的新型信息资源类型,也就是说,可用"信息资源"概括过去的图书、期刊、文献和当代数字化资源,以及这些资源的未来发展。

"文化知识"中的文化除通常文化含义外,也包含特定的三层含义:文字化、文献化、人文化。文字是人类文明的重要基础之一,有文字才会出现用文字记录的信息载体;文字化的扩展是包括图像、音频、视频等的多媒体化,多媒体化是文字化的延伸。文献中承载了文化知识,文献化本身也是一种文化。所有文化通过人综合体现出现,就是人文化。人既是知识的主体,也是文化的关键。

"信息服务",就是利用图书馆的资源和知识满足读者或用户的需求,将信息资源转化出知识价值。随着新技术的应用和社会的向前发展,图书馆的服务不仅包括对读者或用户个人的协助行为,也包含对全人类更高理想实现的促进活动。

如果按照信息资源 R 形成文化知识 K,又依靠信息资源 R 和文化知识 K 提供信息服务 S 的思路,则 R、K、S 三参量之间也可形成一个复合函数:

$$\mathrm{S}=\mathrm{S}(\mathrm{R},\mathrm{K})=\mathrm{S}(\mathrm{R},\mathrm{K}(\mathrm{R})) \tag{5-3}$$

该函数将信息资源 R 作为基础变量、信息服务 S 作为目标变量,体现了信息资源是基础、信息服务是目的的含义。但该函数没有体现以文化知识为核心,如果一切围绕文化知识 K 考虑,则信息资源 R 和信息服务 S 均应根据文化知识 K 来选择和施行,在数学关系上可表示成:

$$\left.\begin{aligned} R&=R(K)\\ S&=S(K)\end{aligned}\right\} \tag{5-4}$$

于是,综合(5-3)和(5-4),以上数学模型也是一个在(5-4)约束下优化(5-3)的运筹优化模型:

$$\left.\begin{aligned} optS&=S(R,K)\\ s.\,t.\ R&=R(K)\\ S&=S(K)\end{aligned}\right\} \tag{5-5}$$

其中 opt 代表优化;s. t. 是 subject to 的缩写,代表约束条件。

在数字图书馆[1-5]中,主要的信息资源是数字资源,文化知识的核心转化为数字技术,信息服务的主体是网络服务。因此,数字资源-数字技术-网络服务

（简称资源－技术－服务）将成为数字图书馆的理论轴心。

（1）数字资源

数字资源是指图书馆中所有数字形式的信息资源，包括经过数字化转换的文献或本来就是以数字形式出版的信息。这些数字资源是数字图书馆的“物质”基础，也是数字图书馆有别于传统图书馆的一大特征。数字资源从类型看，包括期刊、图书、工具书、视频资料、声频资料等；从文件格式（digital format）看，包括从位图形式的页面到经 SGML 编码的特殊文本文件，甚至 CD－ROM 中的信息或本地局域网中的资源，等等。能同时处理多媒体化的数字资源是数字图书馆在技术上的一个典型特征。

数字图书馆的目的是直接提供读者所需的最终信息，而不只是二次文献，但数字图书馆也需要书目数据、索引文摘等二次文献，二次文献也是数字图书馆的数字资源的一种类型。

（2）数字技术

在数字图书馆中，图书馆的文化知识集中体现于数字技术，人作为隐变量隐含在显变量技术之中。数字图书馆除采用通用计算机技术和网络技术外，还有自己的独特数字技术，这是数字图书馆有别于其他技术领域的特征。现有数字技术包括分布式资源与运行管理技术、海量信息存储与组织技术、多媒体信息标引与检索技术等。建立数字技术的国际标准是数字图书馆建设的重要内容之一。

标准的重要性不言而喻，众所周知，有了全球共同遵循的 TCP/IP 协议，才有 Internet 的今天。数字图书馆技术也需要一套公认的标准，积极参与国际数字图书馆技术标准的选择和制订，对发展数字图书馆至关重要。

（3）网络服务

高速数字通信网络是数字图书馆得以存在的基础。数字图书馆的对内业务组织和对外服务都是通过网络进行，网络是数字图书馆的生命线。基于网络运行的数字图书馆只有通过网络才能提供服务，这也是数字图书馆不同于传统图书馆的一大特征。没有网络，就没有数字图书馆；网络中断，数字图书馆的服务也会随之中止。

在明确数字图书馆“数字资源－数字技术－网络服务”轴心的基础上，可以将数字图书馆定义为“数字图书馆是同时具备数字资源、数字技术和网络服务三大特征的图书馆”。也就是说,拥有数字资源、具备数字技术、实行网络服务的图书馆,就是数字图书馆。上述分析定义与美国著名数字图书馆专家 William Arms 的数字图书馆定义:“数字图书馆是具有服务功能的整理过的信息收藏,其中信息以数字化格式存储并可通过网络存取。该定义的关键在于信息是整理过的。”(A managed collection of information, with associated services, where the information is stored in digital formats and accessible over a network. A crucial part of this definition is that the information is managed.)是兼容的。Arms 的定义将数字图书馆界定为一种信息收藏,兼顾了数字资源和网络服务,也蕴涵了需要技术支持。

围绕数字资源－数字技术－网络服务轴心,可以构建数字图书馆的形象模型和抽象模型,从而获得数字图书馆的分析模型。

与数字资源、数字技术和网络服务相应,数字图书馆的理论构架可以用一个形象模型表达,如图 8－1 所示:

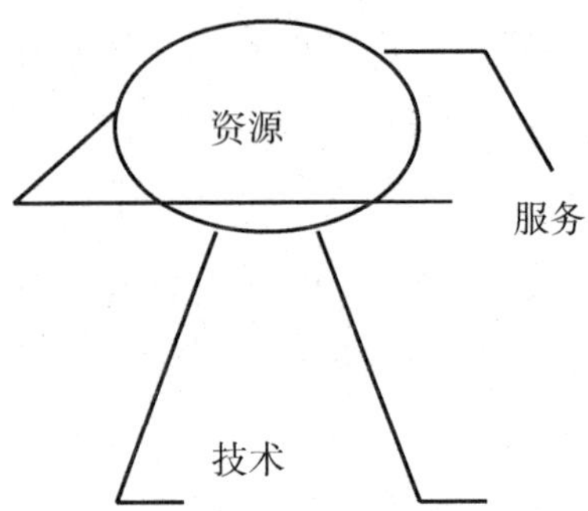

图 8－1　数字图书馆的形象模型

资源是数字图书馆赖以存在的基础,技术是数字图书馆得以成立的条件,服务是数字图书馆努力追求的目标,这是一个以资源为核心、技术为支撑、服务为目的的数字图书馆形象模型,有关数字图书馆的理论可以由此展开[10]。

根据这一理论模型,在数字图书馆研究中,就会形成三大流派:

(1)资源主导派:强调数字资源最重要,认为资源在数字图书馆中居于核心地位,并据此主张建立资源主导型数字图书馆。

(2)技术主导派:强调数字技术最重要,认为技术在数字图书馆中居于核心地位,并据此认为在数字图书馆建设中应以技术主导,导致技术主导型数字图书馆。

(3)服务主导派:强调网络服务最重要,认为服务在数字图书馆中居于核心地位,并据此倡导建立服务主导型数字图书馆。

而正确的认识应是资源－技术－服务的综合集成和一体化——没有资源,数字图书馆就失去存在基础;没有服务,数字图书馆就失去存在价值;没有技术,数字图书馆就难以运行。资源、技术与服务相辅相成,构成数字图书馆的"三位一体"。

5.2 分析方法:数字图书馆分析例

按照资源－技术－服务一体化思想,将形象模型抽象化,可以得到如图 8－2 所示的数字图书馆抽象模型:

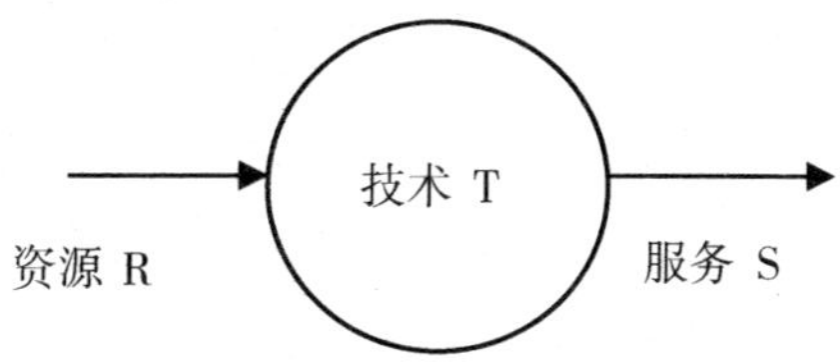

图 8－2 数字图书馆的抽象模型

这一抽象模型是对资源－技术－服务一体化数字图书馆系统的简单抽象:数字图书馆的硬件边界由技术"范围"而成,数字图书馆的结构抽象化为技术,资源则抽象化为数字图书馆系统的输入,而服务抽象化为数字图书馆的输出。

基于一般信息系统模型和上述抽象模型,可以进一步建立数字图书馆的信息论模型如下:

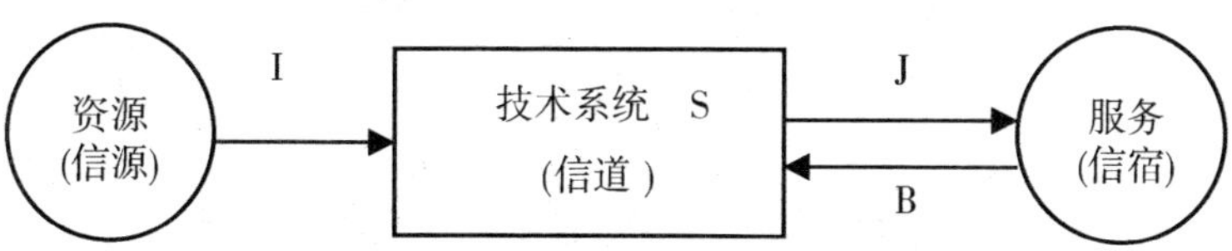

图 8－3 数字图书馆的数学模型

在该模型中,I 是信息供应量、J 是信息获取量、B 是反馈信息集、S 是技术系统结构,资源、技术和服务分别对应一般信息系统的信源、信道和信宿。

从数学关系分析,J 实际上可看作是初始信息量 I 经过 S 变换后产生出的有效信息量,故整个模型类似于一个数学变换体系,需要寻求的数学关系相当于

$$F(J,B)=f[G(I,S)] \tag{5-6}$$

函数 F 表征服务(信宿)特性,函数 G 表征资源和技术系统(信源和信道)特性,二者之间的函数关系就是数字图书馆的一种数学模型。其中 S 是决定系统性能的核心参量,而 B 则代表了用户主动和交互。

既然数字资源、数字技术和网络服务是数字图书馆的理论轴心,则数字图书馆的书-人-用分析要素就具体化为数字资源 R、数字技术 T 和网络服务 S,分析模型中用 T 替换 H,即得数字图书馆的动力方程:

$$R\frac{\partial T}{\partial M}+H\frac{\partial R}{\partial M}=\frac{\partial S}{\partial M} \tag{5-7}$$

在上述一个轴心基础上,数字图书馆研究的理论原则自然推衍为:

第一原则:数字资源是基础。该原则奠定数字图书馆的物质基础。

第二原则:数字技术是关键。该原则指明技术在数字图书馆中的功用。

第三原则:网络服务是目的。该原则阐明数字图书馆的应用目标。

这样,“数字资源是基础”“数字技术是关键”“网络服务是目的”三原则相结合,构成数字图书馆学研究的理论基础,也是书理学理论原则的一个子集。

(1)数字资源是基础

作为数字图书馆基础的数字资源有两大来源:

1)印刷资源的数字化

对于版权已过期的图书、文献、资料,可以采用扫描、光学字符识别(OCR)等处理技术进行数字化,形成数字资源的基础部分,这类资源以经典著作和古代文献为主。

2)原生数字资源

除将已有的文献信息资源数字化外,现在原生数字信息资源已经越来越多,尤其是学位论文、技术报告、会议录等。而且,现在出版业已经实现数字技术处理,图书、期刊的出版都是先有数字化版本,再生成印刷本,因此,作为信息资源主

体的传统图书、期刊正在被数字图书、数字期刊所覆盖,原生数字资源正逐步成为数字资源的主体。

(2)数字技术是关键

除计算机技术、网络技术和信息安全技术等通用信息技术外,建设数字图书馆所需的专用创新技术涉及数字信息处理与加工技术、海量信息存储与组织技术、分布式资源与运行管理技术、多媒体信息标引与检索技术、信息挖掘技术、个性化信息定制与发布技术、信息可视化与读者界面技术、信息安全技术、数字权益管理技术等。其中数字信息处理与加工技术、海量信息存储组织技术、多媒体信息标引与检索技术、分布式资源与运行管理技术、个性化信息定制与发布技术等对于数字图书馆都非常重要。

技术不仅是数字图书馆的重要支柱,而且是联系资源与服务的纽带。在数字图书馆的资源处理和网络服务等方面,都不能缺少技术支持。

(3)网络服务是目的

数字图书馆通过网络实现服务,其网络服务模式可以分成被动服务和主动服务两类:

1)被动服务

既然社会为建设数字图书馆投入了大量人力、物力和财力,那么不管是否情愿,数字图书馆就责无旁贷地要提供服务,这就是非常被动的“不得已”被动服务,不过,被动服务也是数字图书馆网络服务的基础方式,其特点是不考虑用户的个别要求,具体实现形式一般是采用无交互 Web 网站模式。

无交互 Web 网站作为数字图书馆被动服务的主流模式,是一种单向信息传递模式。在这样的模式中,数字图书馆将数字资源以网页形式和数据库形式“放置”在网络上,用户自己“取用”,数字图书馆除在网页上提供使用指南信息外,不再提供附加服务,服务形式对所有用户千篇一律,系统处于主动地位,用户处于被动地位,信息从资源到用户单向流动。显然,这是最初级的网络服务模式。

改善被动服务的技术方法是通过纯粹 Email 或 Web 表单方式提供用户附加信息资源或解答用户提问,这是最简单的被动服务改良模式,但可以为用户提供了便捷、经济的通讯渠道。

2)主动服务

主动服务是数字图书馆网络服务的高级方式,特点是考虑用户的个别要求,具体实现形式一般是通过交互式 Web 网站形式。

交互式 Web 网站形式具体可分为双向交互问答模式和个性化信息推送模式,在技术上前者可以通过 Chat 形式实现,后者可用 MyLibrary 形式实现。

从单向信息传递模式到个性化信息推送模式,一方面体现了技术的进步,另一方面也越来越多地将控制权和主动权交给用户,用户技术水平和应用水平越高,使用效果就越好,同时,资源管理方也应重视对数字资源的整合和对操作方法的优化,使数字图书馆的网络服务具有保障。

数字图书馆的动力机理也应是数字图书馆理论研究的核心问题之一。根据上述数字图书馆的理论模型,如果将数字图书馆的构成简略分解为资源、技术、服务三部分,则可以用图 8 -4 简要分析其运行动力:

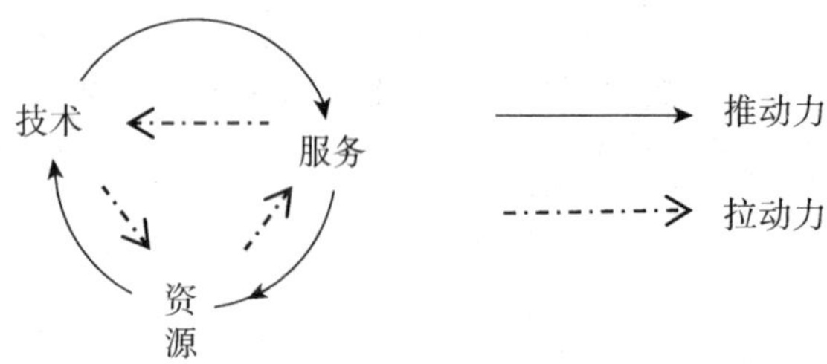

图 8 -4　数字图书馆运行动力示意

其中,站在服务角度看,服务的需要拉动了资源建设,技术的发展推动了服务;站在技术角度看,技术进步能拉动服务,资源建设的需要能推动技术;站在资源角度看,资源数字化建设的需要会拉动技术发展,服务的需求又会推动资源建设。

在对数字图书馆特征要素的关注方面,计算机技术专家可能更多地偏向于技术主导,而图书情报专家可能更多倾向于资源主导和服务主导,但无论是设计技术主导型数字图书馆,还是设计资源主导型、服务主导型数字图书馆,目标都是一致的,就是要方便用户使用、要提高数字图书馆的应用效益和学术水平。

数字图书馆理论研究是数字图书馆建设中极其重要的一环,值得重视。通过理论模型,可以进行定量分析,并能发现动力机理,这对数字图书馆建设将具有重要指导意义和参考价值。

综上所述,在数字图书馆中,信息资源就是数字资源,文化知识的核心衍变成数字技术,信息服务的主体是网络服务,由此可以构建围绕数字资源－数字技术－网络服务轴心形成的数字图书馆的分析模型和分析理论。建立在数字资源基础上、靠技术支持运行、通过网络提供服务的数字图书馆,具有丰富的研究内容和广阔的发展前景[6-8]。与国外提出的数字图书馆与传统图书馆相互结合构成的复合图书馆(Hybrid Library)理论[9]相比,书理学围绕信息资源－文化知识－信息服务轴心建立的理论可以量化,因而更具科学性。

以上展示了用书理学研究分析数字图书馆的概貌,通过运用上述研究方法,使抽象图书馆学的思想与数字图书馆实际应用相贯通,进而使抽象理论得以产生实用价值。

显然,从不同的抽象图书馆的分析模型出发必然会得到不同的分析结论,本文所述仅是有代表性的其中一种情形,按照同样思想与方法,完全可以根据实际需要建立其他分析模型,进而获得有新意的分析结论,这就是抽象图书馆学方法为图书馆学理论建设指出的丰富多彩的前景。

5.3　实验方法:实验图书馆学与广义二重证据法

国内图书馆主要有公共图书馆、高校图书馆和科研图书馆三大类型,后两类在国外统归学术图书馆。无论公共图书馆还是学术图书馆,资源 R、人员 H 和服务 S 都是其三要素,尽管数字图书馆可以把人员 H 异化为技术 T,但三要素轴心相对恒定。有相对恒定的三要素,建立实验模型就相对容易。因此,完全可以用实验方法研究图书馆学,形成实验图书馆学,这将是书理学为图书馆研究提供的新思路,同时,实验图书馆学也能为书理学增添例证。

大约百年前,西学东渐,胡适倡导“大胆假设,小心求证”,明确任何论断要“拿证据来”,这是对欧美实证方法论的一种萃取。的确,无论定性还是定量,都需要证据。而王国维从国学传统中总结出的“二重证据法”已成国学界的公认方法①，殊途同归。在当今中西学术交融背景下，“二重证据法”可推广为“广义二重证据法”[10]，其含义为：凡针对同一问题获得不同来源的两类证据指向同一结论，或采用两种方法得到相同结果，或实证检验与理论推演达成统一，皆可采信。这样，定性和定量方法可互为校验，针对同一问题，如果采用定性分析获得的结论与采用定量分析获得的结论一致，则结论可信。同理，针对同一问题，采用归纳法与演绎法的结果一致，或采用数学推理与采用数值模拟的结果一致，或定量分析中实际数据与理论模型一致，或通过不同来源的两个证据相互印证，依照广义二重证据法原理都能成为定论。总之，广义二重证据法的思想本质是采纳两类证据、或采用两种方法、或采取两种不同途径皆能获得一致结论，体现发现“相对真理”，此即双重整合原理。

采用科学分析方法并结合定性分析与定量分析，倡导实验图书馆学研究，并把二重证据法扩充成为广义二重证据法，汇成书理学的总体方法论思想。从图书馆表象到书籍内容，以知识测度为中介，可望通过研究方法实现书理学研究形式与内容的统一。

参考文献

[1] Arms, W. Y.. Digital Libraries. Cambridge, MA: MIT Press, 2000. http://www.cs.cornell.edu/wya/DigLib/

[2] Lesk, M. E.. Practical Digital Libraries: Books, Bytes and Bucks. Morgan Kaufmann, 1997

[3] 高文等. 数字图书馆——原理与技术实现. 北京：清华大学出版社，2000

[4] 田捷. 数字图书馆技术与应用. 北京：科学出版社，2002

[5] 刘炜等. 数字图书馆引论. 上海：上海科学技术文献出版社，2000

[6] 叶鹰，金玮. 数字图书馆的体系结构与理论模型. 图书情报工作，2003(9)：47－49

① 原法为文献证据和考古证据一致，陈寅恪扩展为：“一曰取地下之实物与纸上之遗文互相释证；二曰取异族之故书与吾国之旧籍互相补正；三曰取外来之观念，以固有之材料互相参证。”

[7]叶鹰,朱聪,黄晨．数字图书馆建设探讨．图书馆杂志,1999,18(8):36－37

[8]叶鹰．图书馆学基础理论的分析表述及其逻辑结构．大学图书馆学报,2005,23(3):6－10,26

[9]初景利．复合图书馆的概念及发展构想．中国图书馆学报,2001,27(3):3－6

[10]叶鹰．图书情报学中定性和定量研究方法的科学哲学基础及双重整合原理探析．中国图书馆学报,2017,43(2):4－12

第六章　书理学体系

作为“资源－人员－服务”的简称或略称,“书－人－用”不仅可以涵盖古代的“图书－藏书家－读书”,也蕴涵当代的“信息或知识资源－信息或知识管理－信息或知识服务”,从而构成图书馆学研究的一个相对恒定的轴心。这一轴心不仅可以包容图书馆发展的历史演变、解释研究现状,而且可以推论图书馆和图书馆学的未来发展。因此,无论过去、现在或将来,书理学的研究轴心总是“书－人－用”,由此构成的书理学体系自然包括书的研究、人的研究和用的研究,借鉴情报学研究 SCU 范式论①[1],把书理学体系概括为 RHS 范式。

6.1　书的研究及其扩展:R 范式

书的研究即信息资源研究,既包括了对书刊、文献等传统十大文献信息源的研究,也包括了对数字图书、数字期刊等当代数字化信息资源的研究,还包括对以后可能出现的新型信息资源的研究,也就是说,可用“书的研究”概括过去的图书研究、期刊研究、文献研究和当代数字资源研究,以及这些研究的未来发展。书的研究及其扩展,涉及信息资源 R 的有关范式,故简称 R 范式。

---

① SCU 规范论把情报学研究分为研究情报源的 S 规范、研究传递过程的 C 规范和研究用户的 U 规范,S 规范、C 规范和 U 规范分别具有不同的轴向原则、问题域、研究对象、研究基点和目标,同时又存在迁移互补关系。

可以列举的具体研究包括:(1) 以校勘学、版本学、目录学等为代表的图书理论和方法论;(2)对信息资源管理中涉及的各类专业处理方法的研究,包括分类编目、文摘索引等;(3)以内容分析、计量分析、引文分析等为代表的书刊文献研究;(4)结合信息资源推送对图书、期刊、专利等文献内容的分析研究;(5)计算机信息处理技术在信息资源管理中的应用研究等。这是一种围绕资源的研究范式,可简称 R 范式。

从书理学看,依照图书馆动力方程(4－19),资源配置与人员、服务和资金变化相关联,如果人员保持恒定,人员变化为零,则有:

$$H\frac{\partial R}{\partial M}=\frac{\partial S}{\partial M} \qquad (6-1)$$

此时资源优化配置为:

$$R = \int\left(\frac{1}{H}\frac{\partial S}{\partial M}\right)dM \qquad (6-2)$$

这一宏观量化关系可与前述内容研究相结合,共同为书的研究或 R 范式提供支撑。

以下尝试对看起来很难与书理学关联的主要处理古典文献的目录学、版本学、校勘学进行书理解释,并对书理学理当解释的当今数字资源与纸质资源略作阐释。

(1)目录、版本、校勘与辨伪的书理诠释

古典文献学的知识精华包括古文献学史、目录学、版本学、校勘学等内容。其中具有历史文物性、学术资料性、艺术代表性的善本(宋元刻本、抄本和明清珍本、孤本,多为 1795 年前古籍)尤需关注。

古文献学史可按中国传统典籍经、史、子、集四部梳理,也可按当今知识结构之文、史、哲理解。先秦重要古文献如诸经:《易》《书》《诗》《礼》《春秋》和诸子:《孟子》《庄子》《墨子》《荀子》《韩非子》等;两汉以后重要古文献按文、史、哲划分值得一提的如两汉时期之文:《说文解字》《方言》,史:《史记》《汉书》,哲:《春秋繁露》《论衡》;魏晋南北朝时期之文:颜之推的《颜氏家训》,史:杜预的《春秋左氏经传集解》,哲:王弼的《周易注》《老子注》;隋唐五代时期之文:陆德明的《经典释文》,史:刘知几的《史通》,哲:孔颖达的《五经正义》;两宋时期之文:郑樵的《通志》,史:司马光的《资治通鉴》,哲:朱熹的《四书章句集注》;辽金元时期之文:王若虚的《五经辨惑》,史:胡三省的《资治通鉴注》;明清时期之文:顾炎武的《音学五书》、惠栋的《九经古义》,史:黄宗羲的《宋元学案》、章学诚的《文史通义》,哲:王夫之的《张子正蒙注》、戴震的《孟子字义疏正》等等。

目录学在传统目录学原则"辨章学术、考镜源流"指引下可按官修目录、史志目录、政书目录、私藏目录、特种目录分解。官修目录代表如汉代之《七略》,晋代之《晋中经簿》,唐代之《群书四部录》,宋代之《崇文总目》,明代之《文渊阁书目》,清代之《四库全书总目》等;史志目录如《汉书·艺文志》,《隋书·经籍志》,《旧唐书·经籍志》,《新唐书·艺文志》,《宋史·艺文志》,《明史·艺文志》等;政书目录如《通志·艺文考》,《文献通考·经籍考》等;私藏目录如宋代之《遂初堂书目》,明代之《澹生堂藏书目》,清代之《千顷堂书目》等;特种目录如汉代杨仆《兵录》,唐代智升《开元释教录》,明代智旭《阅藏知津》,清代顾祖禹《方舆书目》等等。

版本学知识在了解古书版式结构如版框、版心(书口)、界格、天头、地脚、象鼻、鱼尾、书耳和古书装帧形式如线装、拆装、轴装基础上,对唐宋写本、佛经写本和历代刻本(含官刻本、坊刻本、私刻本)以及各类拓本进行研究。历代刻本特点构成版本鉴别的关键,如:宋版字体浙本宗欧体、闽本宗柳体、蜀本宗颜体;纸张浙本、蜀本多用树皮纸,闽本多用竹纸;浙本、蜀本多白口,闽本多细黑口;避讳严格;元版"黑口、赵字、无讳、多简";明版明初至正德"黑口、赵字、继元";嘉靖至万历"白口、方字、仿宋";万历至崇祯"白口、长字、有讳";清版"线装、白口、双鱼尾"。

校勘学在"照录底本、适当按断"原则指导下遵循校勘六步(收集版本、选择底本、对校各本、分析异文、解决疑误)或参考校勘四法(陈垣《校勘学释例》)(对校:底本与校本互证;本校:同书前后互证;他校:他人引文旁证;理校:理论知识分析)并可利用王国维提出的文献资料与考古资料互证之"二重证据法"。

辨伪方法可参考梁启超之说分为内辨五法(思想系统;章法文体;佚文假书;抄袭旧文;人名朝代)和外辨八法(旧志未录,疑;前志录,后志佚,疑;今本与旧志卷篇不符,疑;旧志无名今本有姓,疑;旧志明言伪托,伪;后人声言前书,伪;书出即证伪,伪;书来历不明,伪)并适当发展。

根据中国古人常用注释型发展文本特点,设原文字数为L、其意义集为M,注释字数为l、注释增义为m,则注释及校勘至少存在四种基本情形:

A)(L>l)*(M>m)->精简注释校勘、释义不新

B)(L>l)＊(M<m)－>精简注释校勘、释义开新

C)(L<l)＊(M>m)－>冗长注释校勘、废话过多

D)(L<l)＊(M<m)－>冗长注释校勘、喧宾夺主

从以较少字数实现较多增益角度衡量,B 情形最优;从创新角度衡量,宁取 B、D 而不可 A、C,尤其是 C,是古籍整理应当避免的情形。因此,历代经典好的注释本和校勘本多为 B 型或 D 型,如王弼注《道德经》基本属 B 型、阮元辑《十三经注疏》大体属 D 型,这为选择、判断、比较古籍注释本和校勘本提供了量化思路。

同时,从(4－19)图书馆动力方程考察:

$$R\frac{\partial H}{\partial M}+H\frac{\partial R}{\partial M}=\frac{\partial S}{\partial M}$$

由于古籍是一个恒量,故 R＝常数而 dR＝0;如果投入古籍整理和研究的资金量、人员量增加,服务量必定能相应增加;如果古典文献服务工作不能不断开拓,则要持续增加资金和人员的投入就会有困难。

(2)数字资源和纸质资源的书理阐释

书的研究及其扩展更多体现在信息资源优化配置上,当今尤其关注数字资源(电子资源)和纸质资源比例。表 6－1 是 ARL 统计[2]中观察到的美国和加拿大图书馆投入经费中电子资源经费比重正逐年增加的代表性数据。

表 6－1　2005－2007 年美加图书馆电子资源经费和书刊总经费数据(单位:美元)

图书馆		2005		2006		2007	
		电子资源经费	书刊总经费	电子资源经费	书刊总经费	电子资源经费	书刊总经费
高校馆	Harvard	4,370,397	27,569,823	5,417,996	28,138,927	6,681,995	29,677,074
	Princeton	3,371,378	14,230,665	4,942,212	16,754,840	6,721,402	18,428,119
	Yale	4,864,808	31,194,924	4,689,354	33,913,555	6,991,200	33,942,469
	UIUC	3,277,386	13,053,827	3,247,049	12,043,672	5,369,858	14,530,720
	Washington	4,282,093	12,432,102	4,022,052	12,542,511	6,818,776	16,161,944
	Arizona	5,102,800	11,289,602	5,560,913	11,662,200	6,592,104	12,573,693
	Michigan State	3,683,654	9,487,402	4,899,965	9,949,499	5,438,142	10,562,324
	Ohio State	4,577,236	8,880,060	5,174,694	12,205,939	5,111,173	11,448,889
	McGill	5,844,445	11,376,632	6,016,847	11,549,953	7,486,616	12,172,462

续表

图书馆		2005		2006		2007	
		电子资源经费	书刊总经费	电子资源经费	书刊总经费	电子资源经费	书刊总经费
公共馆	LC	1,425,844	12,505,812	1,921,802	13,081,132	2,707,294	17,398,114
	NYPL	1,182,795	11,871,901	1,861,239	13,705,178	2,025,978	14,104,893
科研馆	CISTI	1,529,789	9,751,507	2,966,778	11,630,136	1,841,342	10,442,816
平均		3,626,052	14,470,355	4,226,742	15,598,129	5,315,490	16,786,960

将书刊总经费扣除电子资源后剩余部分作为纸质资源经费,根据表 6 - 7 数据容易计算出电子资源和纸质资源所占书刊经费总量的比例,如表 6 - 2 所示。

表 6 - 2　2005 - 2007 年美加图书馆经费比例(%)

图书馆		2005		2006		2007	
		电子资源经费/书刊总经费	纸质资源经费/书刊总经费	电子资源经费/书刊总经费	纸质资源经费/书刊总经费	电子资源经费/书刊总经费	纸质资源经费/书刊总经费
高校馆	Harvard	15. 85	84. 15	19. 25	80. 75	25. 52	77. 48
	Princeton	26. 69	76. 31	29. 50	70. 50	36. 47	66. 53
	Yale	15. 59	84. 41	16. 83	86. 17	20. 60	79. 40
	UIUC	25. 11	74. 89	26. 96	76. 04	36. 96	66. 04
	Washington	34. 44	65. 56	35. 07	67. 93	45. 19	57. 81
	Arizona	45. 20	54. 80	47. 68	55. 32	55. 43	47. 57
	Michigan State	38. 83	64. 17	49. 25	50. 75	54. 49	48. 51
	Ohio State	54. 55	48. 45	45. 39	57. 61	44. 64	55. 36
	McGill	54. 37	48. 63	55. 09	47. 91	64. 50	38. 50
公共馆	LC	14. 4	88. 6	14. 69	85. 31	15. 56	84. 44
	NYPL	9. 96	90. 04	16. 58	86. 42	14. 36	85. 64
科研馆	CISTI	15. 69	84. 31	25. 51	74. 49	17. 63	85. 37
平均		25. 06	74. 94	27. 10	75. 90	34. 66	68. 34

从以上数据显见的定量结果主要有：

(1)2005－2007 年间，除 CISTI 外，所有图书馆的电子资源经费开支比例持续走高，但各馆的百分比数据差距较大，总体而言，公共图书馆的电子资源开支比例低于高校图书馆：公共图书馆不足 20%，有些高校图书馆却超过 50%。

(2)就样本平均数而言，美加代表性研究型图书馆购置纸质资源的经费仍然占总经费的 70% 左右，电子资源则约占 30%，说明尽管数字化浪潮席卷世界，图书馆仍以纸质资源为主，只不过纸质资源的购置经费正逐年下降。

从书理学分析，根据图书馆动力方程(6－19)，当资金相对于时间为恒量时，方程化为常微分方程(4－20)，分离变量后得：

$$\frac{dR}{R}=\frac{dS}{RH}-\frac{dH}{H} \tag{6-2}$$

上式求解取决于服务 S 与资源 R 和人员 H 的关系，一般地，S＝S(R,H)；特别地，当 S＝RH 时，(6－20)两边积分是恒等式：

$$\ln R=\ln RH-\ln H \tag{6-3}$$

因此，讨论信息资源优化配置的基础将是 S≠RH。由此可见对古代藏书楼而言没有信息资源优化配置之说。

如果 S＝cRH，其中 c 为常数，则：

$$\ln R=c\ln RH-\ln H \tag{6-4}$$

可得：

$$R^{1-c}=H^{c-1} \tag{6-5}$$

式(6－5)表明资源与人员相互关联，在资源优化配置的同时应进行人员的优化配置。

信息资源优化配置是信息资源管理的核心内容之一，希望这里的初步探讨能启发对该问题的深入研究。

6.2　人的研究及其扩展：H 范式

人的研究即对图书馆涉及的人员所进行的研究，包括馆员研究和用户研究两方面。馆员和用户是既有区别也有联系的图书馆人员群体,用户反馈是其连接纽带;具备一定的知识和技能是他们的共同点,对图书馆的功能目标不同是他们的最大差异。如何最大限度地优化两类人员就构成人的研究的关键。人的研究及其扩展,涉及人力资源 *H* 以及知识和技术等有关范式,故简称 *H* 范式。

可以列举的具体研究包括:(1) 以馆员及职员素养和规范为重点的馆员-职员研究;(2)以读者或用户心理及行为为重点的读者或用户服务研究,如阅读心理、用户行为、人性化环境、个性化技术等;(3)图书馆管理研究等等。下面分述馆员-职员研究和读者-用户研究。

(1)馆员-职员研究

参考发达国家图书馆经验,区分专业馆员和支持职员是实现图书馆人员效益极大化和优化配置的基础。专业馆员可以有初级馆员、中级馆员、高级馆员之分;支持职员也可以有初级职员、中级职员、高级职员之别,对应于不同工作责任和工资待遇。国内实行的学科馆员则是在没有支持职员体制中实现专业馆员的一种形式。一旦专业馆员和支持职员分治,职称可作为纯学术水准标志而非待遇等级。

利用全球图书馆事业中较完善的 *ARL* 统计,以美国大学图书馆工作人员为样本,按三部分构成:专业馆员(*Professional Librarian*,*PL*)、支持职员(*Support Staff*,*SS*)和学生助理(*Student Assistant*,*SA*),统计测算其一般比例近似为 $PL:SS:SA \approx 2:3:1$。其中部分名校的数据见表6-3。

表6-3 美国部分名校图书馆人员结构(1998-1999)

大学名称	专业馆员	支持职员	学生助理
Harvard	451	589	164
Stanford	245	306	118
MIT	86	106	24
Yale	217	345	66
Columbia	168	253	94
Princeton	113	209	65
Chicago	69	176	80
Pennsylvania	117	178	99
UC Berkeley	191	237	175

相应各类人员的平均年收入参见表6－4。

表6－4 美国部分名校图书馆人员平均年收入(1998－1999,美元/年)

大学名称	专业馆员	支持职员	学生助理
Harvard	49816.52	27626.56	7374.40
Stanford	53618.84	33434.83	9610.28
MIT	40209.11	25546.19	13375.71
Yale	46654.38	23669.56	11045.45
Columbia	49239.18	25508.60	14349.53
Princeton	59298.64	26455.42	8744.85
Chicago	50826.68	27144.58	17019.88
Pennsylvania	45838.26	31254.59	8959.84
UC Berkeley	N/A(未获得)	N/A	N/A

而美国大学图书馆经费由三部分构成:人员经费(Expenditures for Total Salaries and Wages)、书刊经费(Expenditures for Total Library Materials)和运行经费(Operating Expenditures)。其中部分名校的情况见表6－5。

表6－5 美国部分名校图书馆经费(1998－1999)

大学名称	人员经费(USD)	书刊经费(USD)	运行经费(USD)
Harvard	39,955,576	21,225,368	14,665,800
Stanford	25,418,343	15,774,213	10,841,023
MIT	6,486,897	5,149,752	1,862,780
Yale	19,019,000	17,661,000	5,629,000
Columbia	16,074,714	11,976,363	3,485,954
Princeton	12,798,345	10,637,727	5,839,592
Chicago	9,645,550	9,214,408	2,685,893
Pennsylvania	11,813,417	9,719,243	7,886,423
UC Berkeley	20,361,969	12,883,612	3,917,333

由此可见:人员分类管理并根据分类制定不同的经费支持强度,是图书馆人员管理的一般经验和有效策略。

从书理分析角度,对传统图书馆来说,某些分析可以具体化。首先,传统图书馆的技术水平 T 可以还原为反映其内部构成和性能的人力、财力、物力指标，即可用人、财、物资源数量的加权计量将 T 表示为：

$$T = aA + bB + cC \tag{6-7}$$

其中 $a+b+c=1$ 是人、财、物权重，而

$$A = \sum_i a_i A_i \tag{6-8}$$

是图书馆内各类人员的技术评分加权值，$\sum_i a_i = 1$ 为其权重；

$$B = \sum_i b_i B_i \tag{6-9}$$

是图书馆内各类财产的技术评分加权值，$\sum_i b_i = 1$ 为其权重；

$$C = \sum_i c_i C_i \tag{6-10}$$

是图书馆内各类设备的技术评分加权值，$\sum_i c_i = 1$ 为其权重。

A、B、C 的具体计算方法可以设计如下：

对一个拥有正高职人数为 A_1、副高职人数为 A_2、中职人数为 A_3、初职人数为 A_4、博士人数 A_5、硕士人数 A_6、学士人数 A_7、专科人数 A_8 的图书馆来说，A 可以设计为：

$$A = 0.20A_1 + 0.15A_2 + 0.10A_3 + 0.05A_4 + 0.20A_5 + 0.15A_6 + 0.10A_7 + 0.05A_8 \tag{6-11}$$

对购电子出版物经费为 B_1、购传统书刊经费为 B_2、运行经费为 B_3 的图书馆，B 可以设计为：

$$B = 0.5B_1 + 0.3B_2 + 0.2B_3 \tag{6-12}$$

对价值 5 万以上设备数量为 C_1、价值 1 万 -5 万设备数量为 C_2、价值 5 千 -1 万设备数量为 C_3、价值 1 千 -5 千设备数量为 C_4 的图书馆，C 可以设计为：

$$C = 0.4C_1 + 0.3C_2 + 0.2C_3 + 0.1C_4 \tag{6-13}$$

对较重视人的作用的图书馆，可以取

$$a = 0.5, b = 0.25, c = 0.25 \tag{6-14}$$

对较重视设备的图书馆，可以取

$$a = 0.3, b = 0.2, c = 0.5 \tag{6-15}$$

对各方面均衡考虑的图书馆，可以取

$$a = 0.35, b = 0.3, c = 0.35 \tag{6-16}$$

这样，用一套统一的指标测算同一时期某批图书馆时，就可以比较出各馆技术

水平(T = aA + bB + cC)的高低和信息处理能力(di/dt = T/ε)的强弱。通过改换不同的 a、b、c,可以找出影响同一批传统图书馆技术水平高低的主导因素是人员、资金、还是设备,进而可以找到解决问题的途径。

再从图书馆动力方程(4 - 19)考虑,当一个图书馆有资金变化却要维持服务为恒量时,方程右端为零,于是得:

$$R\frac{\partial H}{\partial M} = -H\frac{\partial R}{\partial M} \qquad (6-17)$$

分离变量得:

$$\frac{\partial H}{H\partial M} = -\frac{\partial R}{R\partial M} \qquad (6-18)$$

这表明在资金变化环境中,人员与资源的增减呈反向关联:增加雇员就得减少资源,增加资源投入就得减少雇员工资,与常识一致。

(2)读者 - 用户研究

可以通过 ARL 统计数据检验(6 - 19)的合理性。代表性基础数据收集见表 6 - 6、表 6 - 7 和表 6 - 8。

表 6 - 6　2005 - 2007 年美加图书馆资源数据(单位:卷)*

图书馆		2005		2006		2007	
		R	ΔR	R	ΔR	R	ΔR
高校馆	Harvard	15,555,533	132,354	15,826,570	240,336	15,965,675	22,597
	Princeton	6,495,597	122,413	6,618,464	122,867	6,778,675	160,211
	Yale	12,025,695	297,248	12,368,757	245,720	12,283,594	251,071
	UIUC	10,370,777	178,882	10,524,935	153,475	10,712,706	190,761
	Washington	6,639,850	93,778	7,111,065	99,232	7,304,234	193,169
	Arizona	5,340,726	68,869	5,533,482	15,918	5,632,559	-34,354
	Michigan State	4,830,861	42,270	4,864,603	33,742	4,915,621	51,018
	Ohio State	5,936,434	126,929	6,180,744	63,603	6,244,095	35,194
	McGill	3,568,651	52,856	3,631,326	62,675	4,143,904	156,654
公共馆	LC	26,683,947	361,384	27,120,388	436,441	29,864,066	502,199
	NYPL	8,828,221	117,296	8,983,907	155,686	8,956,417	128,196
科研馆	CISTI	8,141,477	25,892	8,149,523	8,046	8,161,218	11,695

* ΔR 以 ARL 统计中的 Volumes Added (Net)计算。

表6－7　2005－2007年美加图书馆人员数据(单位:人)

图书馆		2005		2006		2007	
		H	ΔH	H	ΔH	H	ΔH
高校馆	Harvard	1198	－57	1266	68	1277	11
	Princeton	398	－1	397	－1	400	3
	Yale	702	29	706	4	705	－1
	UIUC	515	7	503	－12	533	30
	Washington	468	－5	527	59	513	－14
	Arizona	340	4	313	－27	332	19
	Michigan State	290	－10	292	2	296	4
	Ohio State	423	22	435	12	423	－12
	McGill	276	－8	256	－20	249	－7
公共馆	LC	4090	－116	3993	－97	3983	－10
	NYPL	651	－19	664	13	650	－14
科研馆	CISTI	332	－10	332	0	326	－6

表6－8　2005－2007年美加图书馆服务数据(单位:人次)

图书馆		2005		2006		2007	
		References	Circulations	References	Circulations	References	Circulations
高校馆	Harvard	UA/NA	2,366,950	UA/NA	1,958,747	UA/NA	1,999,395
	Princeton	37,991	461,008	28,519	438,133	21,566	395,895
	Yale	96,329	669,297	95,547	610,077	89,484	795,435
	UIUC	234,642	646,908	273,738	618,262	229,293	795,933
	Washington	150,924	1,471,685	139,416	1,481,321	136,454	1,608,992
	Arizona	64,860	655,486	51,802	578,082	42,457	516,918
	Michigan State	42,072	807,538	45,211	766,347	60,124	719,355
	Ohio State	315,600	1,897,098	UA/NA	1,928,444	54,818	1,692,796
	McGill	120,447	1,105,238	107,582	1,019,632	105,103	1,011,870

续表

图书馆		2005		2006		2007	
		References	Circulations	References	Circulations	References	Circulations
公共馆	LC	996,771	UA/NA	1,006,846	117,835	987,360	127,493
	NYPL	651,322	UA/NA	621,992	UA/NA	615,967	UA/NA
科研馆	CISTI	22,666	35,342	22,925	33,463	26,596	30,522

这里,我们遇到理论计算与实际统计之间存在计量单位差异问题:按照理论公式(4-19),计量单位应为“人卷”,而传统统计习惯单位是“人次”,因此,服务测度成为书理学应用的障碍,有待后续研究。

从图书馆动力方程(4-19)考察,当资金相对于时间为恒量时,方程化为常微分方程(4-20),分离变量后得:

$$\frac{dH}{H}=\frac{dS}{RH}-\frac{dR}{R} \tag{6-6}$$

上式求解取决于服务 S 与资源 R 和人员 H 的关系,一般地,S = S(R,H);特别地,当 S = RH 时,(6-6)两边积分是恒等式:

$$\ln H=\ln RH-\ln R \tag{6-7}$$

因此,讨论人力资源优化配置的基础是 S≠RH。

如果 S = cRH,其中 c 为常数,则:

$$\ln H=c\ln RH-\ln R \tag{6-8}$$

即得:

$$H^{1-c}=R^{c-1} \tag{6-9}$$

式(6-9)表明人员与资源关联。

根据图书馆系统的动力方程(4-19),在图书馆系统中,资源乘人员对资金的变化率加上人员乘资源对经费的变化率等于服务对经费的变化率。若把时间作为常量,将偏微分视为常微分,则(4-20)相当于:

$$R\Delta H+H\Delta R=\Delta S \tag{6-10}$$

(6-10)式的现实含义是服务的增量等于资源乘人员增量加上人员乘资源增量。

6.3 用的研究及其扩展:S 范式

用的研究即服务研究,就是要研究如何利用图书馆的资源提供优化服务,以满足读者或用户的需求,将信息资源转化出知识价值。

随着新技术的应用和社会的不断发展,图书馆的服务不仅包括对读者或用户个人的协助行为,而且包含了对实现全人类崇高理想的促进活动如信息平等、知识自由等。用的研究及其扩展,涉及用户服务 S 的有关范式,故简称 S 范式。

可以列举的具体研究包括:(1) 围绕推荐书目和阅读疗法的荐书与读书研究,包括导读等;(2)信息服务向知识服务的转化或进化研究;(3) 信息与知识服务的支持技术研究,包括信息检索、Open Access 等;(4)信息素质教育;(5)信息公平与知识自由等。

具有实用价值的应用研究包括:

(1)优秀教科书选择

优秀教科书的意义体现为培养后代学生的德与智,其教育价值不可限量。这一状况正如经济学家萨缪尔森所想:如果我写了美国通用的经济学教科书,我才不在乎谁当美国总统。有些优秀教科书甚至以名著传世,例如:

物理学教科书:(美)《费曼物理学讲义》(多卷本,有中译本)

(苏)《朗道理论物理学教程》(多卷本,有中译本)

经济学教科书:(美)萨缪尔森《经济学》(有中译本)

(英)马歇尔《经济学原理》(有中译本)

化学教科书:(英)*Atkins' Physical Chemistry*(7th ed.),2002

(中)邢其毅等《基础有机化学》(第 4 版),北京大学出版社,2017

心理学教科书:(美)理查德 · 格里格 & 菲利普 · 津巴多著,王垒等译. 心理学与生活(第 19 版). 北京:人民邮电出版社,2016

(美)戴维 · 迈尔斯著,黄希庭等译. 心理学(第 9 版). 北京:人民邮电出版

社,2013

医学教科书:《西氏内科学》(Cecil Textbook of Medicine - > Goldman - Cecil Medicine)

《克氏外科学》(*Sabiston Textbook of Surgery*)

等等。

(2)经典名著推荐

以1.1经典著作为基础,可以为后学推荐书目,这也是学术界的一个传统。

20世纪20年代以来,一些前辈学者都为后生开列过推荐书目,如1923年梁启超开列的"最低限度之必读书目"28种至今仍是最精简完善的国学书目:《四书》《易经》《书经》《诗经》《礼记》《左传》《老子》《墨子》《庄子》《荀子》《韩非子》《战国策》《史记》《汉书》《后汉书》《三国志》《资治通鉴》《宋元明史纪事本末》,《楚辞》《文选》(萧统编)、《李太白集》《杜工部集》《白香山集》《韩昌黎集》《柳河东集》。

1998年,北京大学百年校庆时,约请校内外50多名教授为学生推荐书目59种,同时,清华大学教务处和人文社科学院也参照校内外专家意见推荐书目85种,进而引起时人对推荐书目的关注[3]。

但近代大家的推荐书目多是以面向培养国学专家为目标,诸如梁启超、胡适等的推荐书目莫不如此。而当今推荐书目则需要考虑各层次读者的自由时间和阅读精力。为此,笔者曾提出推荐书目应遵循三个原则[4]:

1)质量选择上的优质原则:简称优质原则。任何推荐书目首先要精选质量上乘之作,每种书目的选择都应有理由,使阅读每一种都具有独特的意义或价值。也就是要以推荐有代表性的、高水平的经典著作为主,并选择精良版本。

2)数量选择上的适量原则:简称适量原则。如面向学生的推荐书目与面向专家的推荐书目应有所不同,数量上不能大而全,而应少而精,并应尽可能避免与普通教学书籍重复。

3)内容选择上的古今中外平衡原则:简称平衡原则。在优质和适量的约束下,推荐书目在内容选择上应考虑兼顾古今中外各个领域。推荐书目的困难也因此引起:既要质量优良、数量精简,又要涵盖中外、博及古今,确实勉为其难。

由于经典著作是人类思想与文化的源泉,集中了精华知识,是读书治学的门径，故笔者提出以下推荐书目并附选择理由。推选时分层次数量不等以示适量、考虑代表性和版本选择以示优质、内容覆盖古今中外以示平衡。

1）大众层次：面向中学生和公众

中学生和公众的精读推荐书目可考虑以经典文学名著为主，旁及与文明修养和生存智慧相关的经典，目的是奠定生活在当今中外文化结合的现代社会中的基本知识。建议20种如下：

《唐诗三百首》，《宋词三百首》，《西游记》，《三国演义》，《水浒传》，《红楼梦》，《论语》，《道德经》，《坛经》，《一千零一夜》：代表东方文化。

《圣经故事》，《希腊罗马神话》，《伊索寓言》，《格列佛游记》，《时间机器》，《哈姆莱特》，《社会契约论》，《西方哲学史》：代表西方文化。

《中外名画》，《音乐之声》（电影）：增进艺术修养。

此即适合常人阅读或公众阅读的基础经典。

2）学士层次：面向大学生

对大学生而言，基于系统的知识基础和文化素养考虑，可阅读50种代表性经典，推荐书目是在前述20种基础上增加以下30种：

文学经典：6种

《诗经》，《楚辞》：代表中国诗性文学。

《古文观止》：代表中国非诗文学。

《神曲》：代表西方中古文学。

《浮士德》：代表西方近代文学。

《戈拉》：代表东方文学。

宗教与历史经典：6种

《圣经》：基督教原典。

《古兰经》：伊斯兰教原典。

《般若心经》：代表大乘佛教核心思想。

《史记》：中国正史开山作。

《罗马帝国衰亡史》：代表西方历史著作。

《历史研究》：代表西方历史哲学思想。

哲学经典：6种

《形而上学》:代表古代西方哲学。

《未来形而上学导论》:代表近代西方哲学。

《逻辑哲学论》:代表现代西方哲学。

《从逻辑的观点看》:代表当代西方哲学。

《易传》:代表中国哲学精神。

《四书章句集注》:代表中国古代哲学。

社会科学经典： 6 种

《社会契约论》:代表西方政治精神。

《论法的精神》:代表西方法学精神。

《就业利息和货币通论》:代表西方经济学思想。

《联合国宪章》:代表大多数国家的共同意志。

《世界人权宣言》:代表大多数人的共同愿望。

《孙子兵法》:代表中国古代战争思想。

科学经典:6 种

《几何原本》:代表古代科学。

《物种起源》:代表近代科学。

《相对论的意义》:代表现代科学。

《果壳中的宇宙》或《时间简史》:代表当代科学。

《黄帝内经》:代表中国医学。

《本草纲目》:代表中药学和古代植物学。

以上 50 种应是中学生和大学生应优先考虑阅读的核心经典(其中《论语》与《四书章句集注》《圣经故事》与《圣经》存在部分重叠)。

3)硕士层次:面向硕士研究生

对于硕士研究生层次的精读推荐书目,考虑到硕士作为一种过渡性学位,阅读以扩展知识为主,而让阅读的系统性更多体现在博士阶段。于是硕士研究生的推荐书目可在上述 50 种基础上增加 20 种使总数达到 70 种,增加的品种可以是:

东方文化经典:《西厢记》,《万叶集》,《文史通义》,《中国历史研究法》(及其《补编》),《通书》,《菜根谭》,《天工开物》。

西方文化经典:《伊利亚特》,《失乐园》,《幻灭》,《战争与和平》,《堂吉诃德》,《哈克贝利·芬历险记》,《欧·亨利短篇小说集》,《老人与海》,《新工具》,《小逻辑》,《科学的社会功能》,《第三次浪潮》,《古今数学思想》。

4)博士层次:面向博士研究生

对于博士研究生,基于系统全面把握学术思想考虑,其精读推荐书目可以进一步扩展30种使总数达到100种,扩展的品种可以是:

东方哲学经典5种:庄周《庄子》,墨翟《墨子》,荀况《荀子》,古印度《奥义书》,西田几多郎《善的研究》。

西方哲学经典5种:笛卡儿《方法谈》,胡塞尔《纯粹现象学通论》,怀特海《过程与实在》,卡西尔《人论》,波普尔《客观知识》。

历史经典5种:《尚书》(《书经》),《资治通鉴》,格罗特《希腊史》,蒙森《罗马史》,朗克《世界史》。

经济管理经典5种:斯密《国富论》,马歇尔《经济学原理》,萨缪尔森《经济分析基础》,法约尔《工业管理与一般管理》,德鲁克《管理:任务、责任与实践》。

政治法律经典5种:洛克《政府论》,麦金德《历史的地理枢纽》,《拿破仑法典》,奥本海《国际法》,凯尔森《法律与国家通论》。

科学经典5种:哥白尼《天体运行论》,牛顿《自然哲学的数学基础》,麦克斯韦《电磁通论》,魏格纳《海陆的起源》,弗洛伊德《释梦》。

上述经典构成各学科值得参考的基础学术资源,是适合研究生阅读的经典文献。一个人如能真正精读100种有代表性的学术经典,则其学术基础立矣。

社会有热爱读书学习的环境,方有成就学者和学术的氛围,如图6-1,哥廷根大街上有很多书店(作者摄于2010年),这正是孕育创造的社会环境,因而促成哥廷根大学的辉煌和高斯、希尔伯特等学者的诞生。

图6-1　哥廷根大街上的书店

若用A、B、C、D、E分别代表以上大众层次、学士层次、硕士层次、博士层次、专家层次的推荐经典集，则其逻辑关系是：

深度和广度：$A<B\sim C<D<E$

品种和容量：$(A+B+C+D)\in E$

(3)书疗乐疗概说

与医疗治疗体病不同，书疗和乐疗都是"疗心"。书疗以美文入眼，乐疗以佳音入耳，而有舒心养神之效果。书疗的处方是书目；乐疗的处方是乐曲。书疗的"万能药"可能是《菜根谭》；乐疗的"万能药"可能是《高山流水》。实则世上本无"万能药"，还需对症下药，如：催眠：观康德《纯粹理性批判》，听舒曼《梦幻曲》；解忧：观《诗词曲赋联》，听《多瑙河之波》；降压：观《道德经》，听《平湖秋月》。书疗和乐疗之机理是：在人脑信息来源中，视觉信息占83%，听觉信息占11%，嗅觉信息占6.5%，味觉信息占4.0%，触觉信息占4.5%。视、听觉信息合计占人脑信息来源总量的94%，因而书疗和乐疗并用可以提供感官90%以上刺激，从而达成疗心效果。

此外，大量有关书籍的应用研究或历史故事[5-7]，皆可纳入用的研究及其扩展，可以S范式代称。书理解释颇枯燥，实则"如果世界上有天堂，那就是图书馆的模样"，学者感动如"图书馆原来是一些伟大的灵魂相聚的地方，多少世纪以来，他们在书的森林里低语，静心谛听，我们听得见他们交谈，甚至，接收到传给我们的独特信息”[8],诚如马一浮先生的诗联:“灵山咫尺能相见,玉海千寻不可量”。

从书理学提供的图书馆动力方程(4-19)考虑,服务对资金的偏导数等于资源乘人员对资金的偏导数加上人员乘资源对资金的偏导数:

$$\frac{\partial S}{\partial M}=R\frac{\partial H}{\partial M}+H\frac{\partial R}{\partial M}$$

其积分形式就是(4-21),即图书馆服务等于资源乘人员对资金的变化率加上人员乘资源对资金的变化率对资金的积分。这表明服务取决于资源、人员和资金。

从(4-19)图书馆动力方程的积分(4-21)看:

$$S=\int\left(R\frac{\partial H}{\partial M}+H\frac{\partial R}{\partial M}\right)dM$$

对于服务持续增加的系统,应当保持资源、人员和资金的持续投入,才能维持整个系统的正常运行。这一原理无论对阅读推荐还是检索利用都适用,也是资源-人员-服务三位一体不可分离原理的体现。

当对书-人-用进行集成研究时,书-人-用三位一体就构成了图书馆核心竞争力及其未来发展或RHS范式综合研究对象。没有书或资源,图书馆将失去源头活水;没有人或人员,图书馆将失去维系核心;没有用或服务,图书馆将失去存在价值。正是书-人-用三位一体、相辅相成,为书理提供了稳定的基础轴心。

在以上书理学的研究内容基础上,图书馆学研究的基础问题和前沿问题也可围绕RHS范式来理解,这就是在书理学基础上整合图书馆学已有知识积累和当今研究构造出的学术体系,也是科学化图书馆学在理论科学化、方法科学化和问题科学化上迈出的坚实一步,可望把分析方法真正应用于图书馆学研究。

书理学在“一个轴心、三条原则”基础上将图书馆学的研究内容分解为书的研究、人的研究和用的研究,既有了图书馆学的分析性基础理论,也有了理解图书馆学研究体系结构的R范式、H范式和S范式。希望能有益于图书馆学理论探索和有助于指导图书馆工作实践。

另一应用是图书馆管理。

图书馆事业的发展给图书馆管理提出了许多新的值得研究的问题,一个典型而重要的问题就是随着以数字图书馆为代表的当代图书馆的发展,图书馆管理必须考虑数字图书馆的服务与管理问题,而在传统图书馆与数字图书馆并存的现实中,图书馆管理又必须考虑数字图书馆与传统图书馆的共同管理,同时,信息资源多元化、服务方式多样化等也向图书馆管理提出了新的要求,面对管理要素纷繁复杂的当代图书馆,如何进行有效、优化的管理成了图书馆管理面临的重大问题,对此,“图书馆集成管理”思想值得发扬光大,这里对传统图书馆与数字图书馆及其资源与服务的综合集成管理问题作一探讨。

在图书馆实体形态数字化、信息资源多元化、服务方式多样化的当今时代,图书馆集成管理(Library Integrated Management,简称LIM)的含义首先是将图书馆拥有的各种信息资源、技术资源和人力资源等整合、集成起来,为读者或用户提供优化的服务,因此,数字图书馆等现代新形态图书馆的发展并未将数字图书馆与传统图书馆对立起来或割裂开来,相反,它们使传统图书馆与数字图书馆更紧密地结合在一起,通过图书馆集成管理,可以将传统图书馆与数字图书馆的各种资源整合起来,统一成一个优化的综合体系。

当把传统图书馆与数字图书馆作为一个统一的管理对象时,图书馆集成管理可以定义为对图书馆人财物资源、信息资源、用户服务、技术支持、机构设置等的全方位多要素综合优化管理[9-10],其特征是寻求整体优化、动态协同和全局最优,其关键是服务导向的、综合多因素进行的优化决策。

因此,图书馆集成管理面临的基本问题是如何利用图书馆的人力资源、技术资源、信息资源等去为用户提供有效的、满意的、优良的服务,为实现这样的目标,就应该在机构设置、业务布局、资源配置等方面进行整体集成优化,这既要包括资源采购、分类编目、流通阅览等传统图书馆业务,也要包括数字化、网络服务等现代内容,具体应该研究解决的问题首先是:

1)什么样的资源组合和技术系统才能使服务最优?

2)什么样的机构设置(组织)才能保证服务最优?

于是,对图书馆集成管理提出的具体要求就包括:

要求一:机构设置与资源服务相结合。就是说要根据资源配置和服务需要来进行机构设置,庞大臃肿的机构设置由于人浮于事、低效运转,不仅不能满足这一要求,而且会导致对时间和金钱的无效浪费。

要求二:传统服务与网络服务相配合。当代图书馆既不能抛弃传统纸质文献,也不能置高速发展的数字资源于不顾,正确的途径只能是兼顾纸质文献与数字资源;相应于纸质文献的服务方式是传统服务,而数字资源的服务方式是网络服务,因而应当实行传统服务与网络服务相配合。

要求三:技术支持与服务格局相匹配。图书馆内已经拥有许多现代技术,如何组织和利用这些技术去支持图书馆服务是值得认真对待的问题,要求图书馆技术支持与服务格局相匹配不失为一个基本点。

将上述思想综合起来,可以看到图书馆集成管理实质上是一种系统化管理,其内涵核心是针对多元管理要素进行的综合性优化管理,其特征包括整体优化、动态协同和全局最优。图书馆的组织、计划、决策等均应围绕以上方面考虑。

(1)管理学和经济学提供的理论资源

管理学理论从 1911 年泰勒(F. W. Taylor)提出科学管理说以来,经过了近一个世纪的发展,各种各样、形形色色的管理理论层出不穷,其中,法约尔(H. Fayol)的管理职能与过程论、梅奥(G. E. Mayo)的人际关系论、马斯洛(A. H. Maslow)的人类需求层次论、巴纳德(C. I. Barnard)的社会系统论、西蒙(H. A. Simon)的管理就是决策论、德鲁克(P. F. Drucker)的目标管理论等既是管理学理论的杰出代表,也是图书馆集成管理的重要理论资源。由美国管理模式(A 管理模式)与日本管理模式(J 管理模式)综合出的 Z 管理模式以及华人学者提出的 C 理论、H 理论、M 理论等也对集成管理思想有所启发。这些管理理论学说中都有值得图书馆集成管理参考借鉴的成分,尤其是法约尔的管理职能学说、德鲁克的目标管理思想等应用于图书馆后可以直接形成 LIM 的多元要素优化、全局目标定位等的理论基础。

在经济学的庞大体系中,值得图书馆集成管理参考的理论思想更多。尤其值得注意的是微观成本 - 效益理论、边际理论、宏观投入 - 产出学说等等。

成本 - 效益理论和投入 - 产出学说都提示我们应该用较小的成本或较少的投入争取较大的效益或较多的产出,这应该是图书馆集成管理的努力方向。由此可以获得 LIM 的整体优化方法。

边际理论告诉我们在通常情况下边际成本递增而边际效益递减,这提示我们在图书馆集成管理中应该考虑边际效应,有时不必为增加少量效益而加倍投入,主要是要争取整体优化和全局最优。

此外,经济学和管理学的定量分析方法是图书馆集成管理定量处理方法的来源。而优化的数学处理方法主要表现为极值(极小或极大)计算。

集成管理在理论上是经济管理思想与系统论方法的综合,国内较早将集成管理思想引进企业管理的学者是中国人民大学李宝山教授等,在各种企业管理系统设计尤其是信息系统和计算机管理系统设计中已有一些具体应用,但核心理论和方法尚未完善。因而图书馆集成管理的研究不仅能有益于图书馆管理的发展,也将有利于一般集成管理理论与实践的深化。

(2)图书馆集成管理的理论原则

将上述管理学和经济学理论的精神汇总起来,应用于图书馆集成管理,可以归纳形成 LIM 的思考基点,这就形成以下理论原则。

理论原则一:集成成本最小原则。就是图书馆的日常运行成本和管理成本应该最小。

理论原则二:集成效益最大原则。就是图书馆的服务效益和管理效益应该最大。

理论原则三:集成组合最优原则。就是图书馆的各种资源组合、人才组合和技术组合应该达到最优化。

理论原则一是集成管理的内向目标(相对而言,图书馆内部管理即内向),理论原则二是集成管理的外向目标(相对而言,图书馆面向读者或用户提供服务即外向),理论原则三是集成管理的综合目标。

为实现集成成本最小,机构设置、资源配置、技术支持等(组织、计划、决策等在图书馆中的具体体现)就应该实行精简优化。

为实现集成效益最大,机构设置、资源配置、技术支持等就应该实现高效运行。

为实现集成组合最优,机构设置、资源配置、技术支持等就应该实行协同互利,消除人际摩擦、部门摩擦和人为障碍。

以上三大理论原则都可以设计定量模型,进而可以进行定量研究。

例如,对于理论原则一,定量模型可以设计成:

成本构成	权重
……	……
人力结构成本 Ca	A

信息资源成本 Cb　　　　B

管理运行成本 Cc　　　　C

……

集成成本 CI = CaA + CbB + CcC

其中人力结构成本可以具体化为各类人员的工资；信息资源成本可以具体化为书刊、数字资源的购买价格；管理运行成本也可以按照年度或月度统计。权重可根据管理认识选定，如认为人最重要，资源其次，可定 A = 3，B = 2，C = 1；或认为资源最重要而定 A = 2，B = 3，C = 1；甚或选定 A = B = C = 1，均可。整体规则是所有计量指标和权重体系应在计算比较过程中保持一致。这样，集成成本 CI 就成为一个可以计算的量，而优化的目标就是求 minCI，约束条件是工资总额、书刊经费和运行经费，这在数学形式上是一个线性规划问题。

对于理论原则，定量模型可以设计成：

效益构成　　　　权重

……　　　　……

文化效益 Ee　　　　E

社会效益 Ef　　　　F

经济效益 Eg　　　　G

……

集成效益 EI = EeE + EfF + EgG

其中文化效益可以通过政府评估，也可以直接按照财政投入的某个百分比计算；社会效益可以通过公众评估，也可以直接按照办证收入的某个百分比计算；经济效益可以由图书馆自身评估，也可以是所谓创收收入的某个百分比。权重可根据管理认识选定，如认为文化效益最重要，社会效益其次，可定 E = 3，F = 2，G = 1；或认为社会效益最重要而定 E = 2，F = 3，G = 1；甚或选定 E = F = G = 1，均可。整体规则也是所有计量指标和权重体系应在计算比较过程中保持一致。这样，集成效益 EI 就成为一个可以计算的量，而优化的目标就是求 maxEI，约束条件是投入和收入，这在数学形式上也是一个线性规划问题。

对于理论原则三，定量模型可以设计成：

组合项目

……

人力组合 H

资源组合 R

服务组合 S

　　……

集成组合 I = HRS

如果优化的目标是极大数量，则人力组合可以具体化为各类专业馆员数之和；资源组合可以是纸质文献信息量与数字资源信息量的乘积；服务组合可以是传统借阅量与网上访问量的乘积。这样，集成组合 I 也就成为一个可以计算的量，优化的目标就是求 maxI。

因此，在以上理论原则指导下，机构设置、资源配置、技术支持等问题都有了思考的基础和可以量化的计算，整个图书馆集成管理可以围绕精简以减少成本、高效以提高效益、协同以组合最优展开。

而与传统图书馆管理相比，图书馆集成管理将更加注重建立在数字化、网络化基础上的网络服务，因为这是未来图书馆发展的大方向。

(3)图书馆集成管理的 LIM - ANA 模式

在当今技术条件下，可以设计多种 LIM 模式，而在各种 LIM 模式中，注重图书馆自动化系统(Automation System)、网络服务(Network Service)和管理体制(Administration Structure)的模式可以构成图书馆集成管理的一种有效模式。笔者将这一模式称为 LIM - ANA 模式[9]。

LIM - ANA 模式的主要思路如下：

图书馆自动化系统是组织图书馆信息资源并进行集成管理的基础。很多图书馆自动化系统本身就叫作自动化集成系统，充分表明了这一含义。

网络服务是图书馆业务发展的方向和集成管理的重点，也是当今数字图书馆建设、数字资源建设的集中体现。

管理体制则是图书馆集成管理的关键，机构设置直接决定图书馆的日常运行和服务效率，良好的管理体制将能促进集成管理的优化，反之，将可能导致集成管理的失败。

在 LIM - ANA 模式中,研究预设有两点:

1)网络服务已经成为当代图书馆必不可少的服务方式和发展方向。

2)在图书馆自动化系统、网络服务和管理体制之间存在配合关系。

采用 LIM - ANA 模式时,要求图书馆自动化系统首先建构起一个图书馆集成管理的基础支持系统,在此基础上可以方便有效地开展网络服务,而管理体制则必须与自动化系统和网络服务相匹配以求达到最优组合。

在对美国大学图书馆进行实地调研分析的基础上,LIM - ANA 提供的管理建议是应当适当压缩传统业务并精简相应传统部门,同时稳步发展数字化业务并设置相应机构。这样,LIM - ANA 可以作为一种实际的 LIM 参考模式。

(4)图书馆集成管理的操作法则

在上述图书馆集成管理的理论原则指导下,可以结合图书馆管理实践导出图书馆集成管理的操作法则,这些法则的总体特征是精简与优化相结合。

一个可以实际运用的系统是针对前面提出的三个要求,根据三大理论原则及其定量计算结果,设计 LIM 操作法则如下:

操作法则一:在机构设置方面,降低成本和提高效益相结合。选取成本最低、效益最大的机构设置方案作为决策方案,这样,也就同时实现了理论原则一和理论原则二的目标。

操作法则二:在业务结构方面,传统服务与网络服务相配合。实际上,在任何一个当代图书馆中,都存在纸质文献和数字资源并存的现状,这就必然导致传统服务和网络服务并行,因而 LIM 必须兼顾传统服务与网络服务。也只有这样,才能实现理论原则三的要求。

操作法则三:在技术系统方面,技术支持与服务格局相匹配。图书馆所有技术无疑都是为提供服务而存在,因而技术只有与服务相匹配,才能实现三大理论原则的期望。

最后,以优化决策相统一。而优化的核心,就是资源、服务、技术等多元管理要素的协同配合。

在以上操作法则中,操作法则一是对要求一的回应,也是落实三大理论原则的内向操作要点;操作法则二是对要求二的直接回应,也是落实三大理论原则的外向操作要点;操作法则三是对要求三的回应,也是落实三大理论原则的技术操作要点。

按照上述理论原则和操作法则,任何图书馆均可在自身定量数据的基础上制定具体的实施细则。

(5) LIM - ANA 与书理学的一致性

综上所述,图书馆集成管理的 LIM - ANA 模式是一种适合当代图书馆发展的新的管理思想和管理模式,其核心思想本质上是对图书馆所有管理要素进行全面优化管理,其特征是寻求整体优化、动态协同和全局最优,操作思路是将传统图书馆和数字图书馆纳入一个统一的系统中进行管理,而将面向未来发展放在首位。

LIM - ANA 模式中自动化系统(Automation System)与资源关联、网络服务(Network Service)与服务关联、管理体制(Administration Structure)与人员关联,故图书馆集成管理的 LIM - ANA 模式与书理学内核保持一致,可以融会贯通。

综上,书的研究及其扩展、人的研究及其扩展、用的研究及其扩展,分别简称 R 规范、H 规范、S 规范,三者交互构成书理学体系。

参考文献

[1]卢太宏. 情报科学的三个研究范式. 情报学报,1987,6(1):19 - 22

[2]ARL Statistics,1995 - 2001;ARL Supplementary Statistics,1996 - 2004. http://www.arl.org/stats/

[3]印永清. 关于北大、清华的两份推荐书目. 大学图书馆学报,2002,20(1):77 - 79

[4]叶鹰. 面向学生的推荐书目. 图书馆杂志,2003,22(4):19 - 20

[5](苏)伊林著,胡愈之译. 书的故事. 南昌:二十一世纪出版社,2011

[6](英)马修·巴特尔斯著. 赵雪倩译. 图书馆的故事. 北京:商务印书馆,2013

[7] 徐雁. 中国图书文化简史. 北京:中华书局,2010

[8] 胡晓明. 我的图书馆漂流小史. 文汇报,2014 - 1 - 1

[9]钱刚,毕强. 集成管理:21 世纪图书馆追求卓越管理的新方法. 中国图书馆学报,1998,24(6):33 - 37

[10]吴怡青. 试论数字图书馆的集成管理. 情报资料工作,2000,(5):30 - 33

下篇 03

书理阐扬

第七章 学理比较

从物理学、心理学、生理学等学理中借鉴思想和方法，是书理学得以建立的参照。

7.1 书理与物理

物理学（希腊文 Φυσικη，拉丁文 Physica，英文 Physics）是研究世界万物及其机理的科学，旨在揭示物质世界最基本的结构、最普遍的相互作用、最一般的运动规律。“物理”的希腊文词根 φυσικ 原意是指自然，成为学问 φύσις 后表示研究有形物质、能量的本质与性质以及物质－能量相互作用的自然科学。由于物质与能量是所有科学研究必定涉及的基本要素，所以物理学是自然科学中最基础的学科。

物理学的研究范围大至宇宙，小至基本粒子等一切物质最基本的运动形式和规律，因此成为其他各自然科学学科的研究基础。物理学的理论结构会充分运用数学作为工作语言，但物理学作为实验科学是以实验作为检验理论正确性的唯一标准。作为当今最精密的一门自然科学学科，物理学探索分析大自然中发生的各种自然现象，从观测与分析自然现象中概括出规律和假说，经得起实验检验的规律和假说分别成为定律和理论，物理学就是由这些定律和理论精致地构成。

物理学经历过从逐步积累经验规律到归纳形成理论并总结出原理的发展，由经验规律形成的定律如：

能量守恒定律：在孤立系统中，能量从一种形式转换成另一种形式，从一个物体传递到另一个物体，在转换和传递的过程中，各种形式、各个物体的能量的总和保持不变。这是物理学中最基本的定律之一，它表征运动不灭。在狭义相对论提出后，质量等同能量，进而该定律扩展为质能守恒定律，表征物质与运动不灭。

万有引力定律：任何物体之间都有相互吸引力，这个力的大小与各个物体的质量成正比例，而与它们之间的距离的平方成反比。这是物体间相互作用的一条定律，1687 年为牛顿所发现。

牛顿运动三定律：牛顿在《自然哲学的数学原理》中提出的关于物体运动的三个基本定律。它们是在观察和实验的基础上发现的，已被公认为宏观自然规律，并成为数学演绎的基础。第一定律（惯性定律）：任何一个物体将保持它的静止状态或做匀速直线运动，除非有施加于它的力迫使它改变此状态。第二定律（运动定律）：物体运动量的改变与所施加的力成正比，并发生于该力的作用线方向上。第三定律（作用和反作用定律）：对于任何一个作用必有一个大小相等而方向相反的反作用。

开普勒行星运动三定律：德国天文学家 J. 开普勒提出的关于行星运动的三大定律。第一定律（椭圆定律）：所有行星绕太阳的轨道都是椭圆，太阳在椭圆的一个焦点上。第二定律（面积定律）：行星和太阳的连线在相等的时间间隔内扫过相等的面积。第三定律（调和定律）：所有行星绕太阳一周的恒星时间的平方与它们轨道长半轴的立方成正比。

热力学三定律：是热力学中发现的基本规律。第一定律：热量转换符合能量守恒定律。第二定律：一切涉及热现象的实际宏观过程都是不可逆过程。第三定律：绝对零度时，所有纯物质的完美晶体的熵值为零。

库仑定律（静电力平方反比律）：在真空中两个静止点电荷之间的相互作用力与距离平方成反比，与电量乘积成正比，作用力的方向沿连线，同号电荷相斥，异号电荷相吸。

法拉第电磁感应定律：闭合回路中感生电动势的大小等于通过该回路的磁通量变化率的负值。

等等。

建立的理论体系如牛顿力学、麦克斯韦方程组、狭义和广义相对论、量子力学等。其中 1873 年麦克斯韦(J. C. Maxwell,1831 - 1879)将法拉第、安培等人的电磁学实验规律归纳总结成一组简洁对称的方程组即麦克斯韦方程组,使电磁学获得统一,这一理论成果后来被公认为是继牛顿力学后物理学理论的第二里程碑。这组方程可以写成微分方程、积分形式或张量协变形式,其微分形式如下:

$$divD = \rho \tag{7-1}$$

$$divB = 0 \tag{7-2}$$

$$rotH = j + \partial D/\partial t \tag{7-3}$$

$$rotE = -\partial B/\partial t \tag{7-4}$$

其中 div 指散度,rot 指旋度,E 为电场强度,D 为电感强度,H 为磁场强度,B 为磁感强度,j、ρ 分别是电流密度、电荷密度,t 为时间。实际上,第一个方程表达了库仑定律,第二个方程表达了高斯定律,第三个方程表达了安培定律,第四个方程表达了法拉第定律。若写成张量协变形式($i,j,k = 1,2,3,4$;1,2,3 对应空间坐标,4 对应时间坐标),则简化为:

$$\frac{\partial E_{jk}}{\partial x^i} + \frac{\partial E_{kl}}{\partial x^j} + \frac{\partial E_{ij}}{\partial x^k} = 0;\frac{\partial H^{ik}}{\partial x^k} = J^i;\frac{\partial J^i}{\partial x^i} = 0 \tag{7-5}$$

而覆盖经典物理和量子物理的核心原理,是分析力学的核心原理——最小作用原理,也称哈密顿原理(Hamilton's principle)。

最小作用原理(principle of least action)起源于费马(P. de Fermat,1601 - 1665)最短光程原理,后来拉格朗日(C. de Langrage,1736 - 1813)发现其普遍意义:用作物理学中描述客观事物运动规律的一种普遍方法。该方法认定客体的实际运动经历是作用量最小的那个经历,可由作用量求极值得出。现在,它是分析力学的根本原理之一,其数学表达形式是:

$$\delta S = \delta\int L(q,\dot{q},t)\,dt = 0 \tag{7-6}$$

其中 $L(q,\dot{q},t)$ 叫作拉格朗日函数,q 是广义坐标,$\dot{q}$ 是广义速度,t 是时间,L 在经典力学系统中等于动能减势能;整个积分 S 就表示作用量,它的含义是动能减势能并对经历作累加。δ 表示求变分,变分为 0 就是使作用量最小。通过最小作用原理可以自然求得系统的运动方程。

最小作用原理适用于任何物理学系统,只要能写出系统的作用量,就能求得系统的运动方程。用作用量方法或运动方程方法描述物理系统是两种不同形式的方法,但结果是等价的。任何物理系统既可以用单个作用量来描述,也可以用一个或一组运动方程来描述。不过,尽管运动方程可能很复杂,可以有很多个,但作用量公式只有一个——这是采用作用量方法的优点。因此,当代理论物理学的分析研究多采用作用量方法,理论物理学家们研究一个新的物理系统时,往往首先寻求系统的作用量。

最小作用原理在物理上也被证明是适用于整个宇宙的,整个世界可以用一个作用量来表述。而且,自牛顿以来的所有物理学理论都可以用作用量的语言表述出来。作用量的公式也比运动方程更简洁和精巧,只要找到一个公式来计算一个给定物体在任一经历下的作用量,就完全把握住了这个物体的运动情况。笔者甚至认为费因曼路径积分在本质上也是最小作用量原理的体现。

因此,有了最小作用原理,物理规律和理论就可以用作用量简洁明了地表达出来,例如,麦克斯韦电磁场的作用量为:

$$S = \int L dt = \int dt \int [\frac{1}{2}(E \cdot D - H \cdot B) + (A \cdot j - \rho\varphi)] dv \qquad (7-7)$$

其中 E 是电场,H 是磁场,A 是矢势,φ 是标势,dv 是空间体积元。也可由 B = E + iH 和 $J = \nabla \cdot B$ 以量子电动力学(QED)的拉格朗日函数表出

$$L_{QED} = -\frac{1}{4}B_{\mu\nu}B^{\mu\nu} - J^{\mu}A_{\mu} \qquad (7-8)$$

书理学借鉴了物理学从经验规律到理论原理的发展路向,尤其是最小作用原理,已直接移植于书理分析。

7.2 书理与心理

心理学是研究人类精神现象及其相关行为机理的科学,其研究涉及感觉、知觉、认知、记忆、动机、情绪、人格、行为习惯、社会关系等。尽管可把心理学分为基础心理学与应用心理学两大部分,实际上心理学广泛涉及哲学、生物学、神经科学、医学、社会学等许多人文和自然学科,因为人类心理活动不仅与基因和大脑有

关,而且受环境和社会的影响。

心理学曾长期从属于哲学。心理学成为独立学科的标志是1879年德国学者冯特(Wundt,W.,1830-1920)在莱比锡大学建立第一个心理实验室。随着科学技术的发展和定量研究方法被引入心理学,产生了心理学的科学研究方法。从此,心理学走上独立发展大道。

实际上早在1860,费希纳(Fechner,G. T.,1801-1887)就用数量化的实验法对感觉量和物理量的关系进行了测量,并在他出版的《心理物理学纲要》中提出了三种基本的心理物理学方法。在实验研究方面,除冯特对感觉、知觉等简单心理现象进行过许多研究外,其他值得提及的工作还有:C. 施通普夫用较严格的实验方法对音响和音的混合等现象作过研究,发表了《音乐心理学》;G. E. 缪勒对知觉、记忆、表象、思维、想象等做过实验研究;H. 艾宾浩斯以无意义音节作材料,用实验法测量了记忆和遗忘之间的数量关系,并在《记忆》一书中提出了记忆研究的基本方法;E. L. 桑代克用问题箱以动物作被试,开创了实验动物心理学的研究,等等。而具有理论导向作用的论著是詹姆斯(James,W.,1842-1910)1890年出版的《心理学原理》,奠定了心理学发展的理论基础。

心理学对科学的独特贡献很大程度上体现在对心理的测量,F. 高尔顿对感觉辨别力、反应时等进行了许多测量,发表了《对人类官能及其发展探讨》;J. M. 卡特尔编制了对握力、运动速率、感觉辨别力、记忆力等的测验,并创用"心理测验"这一术语;A. 比奈以及其助手T. 西蒙编制成世界上第一个智力量表等。

心理学研究方法可从不同的角度、按照不同的标准进行分类,主要研究方法包括观察法、调查法、测量法、实验法、统计法等。

(1)观察法:观察法是通过在自然条件下对表现心理现象的外部活动进行有系统、有计划的观察,从而发现心理现象产生和发展的规律。由于人有意识和自我意识,因而心理学还有一种独特的研究方法——自我观察法。观察法的优点是适用范围广、简便易行,所得材料比较真实;缺点是结果难以重复验证、精确分析,难以控制目标现象的出现,并受观察者主观影响(观察者效应、观察者偏差)。

(2)调查法:调查法以向研究对象提问的方式让受调查者自由表达其态度或意见,进而从事心理分析,根据提问方式的不同,分为口头调查(访谈法)和书面调查(问卷法)。调查法的优点是使用起来较容易、收集数据比较快;缺点是不够严谨,不能揭示因果关系,并受研究者主观影响较大。

(3)测量法:也称心理测量或测验法,是用一套预先经过标准化的问题(量表)来测量某种心理品质的方法,分直接测量和间接测量(投射测量)两种。其中心理量表可根据制定量表的单位和参照点的种类不同,分为名称量表、顺序量表、等距量表和比例量表四种。测量过程中应注意信度、效度和标准化三项基本要求。测量法的优点是准确,缺点是受限于测量条件。

(4)实验法:实验法通常是借助于仪器装置在实验室中进行,在控制条件下对某种心理现象进行研究,分实验室实验和自然实验。自然实验是在自然的条件下观察自变量和因变量的关系。实验法的优点是可揭示因果关系,可重复检验,对无关变量的控制和对自变量的操纵程度高;缺点是实验情景带有极大的人为性质,心理实验对象又是具有主观能动性和自我意识的人,当意识到自己正在接受实验时就有可能干扰实验结果的客观性。

(5)统计法:心理统计法是数理统计在心理学中的具体应用,它包括描述统计和推断统计。描述统计提出概括性的数据,而推断统计则是在描述统计的基础上推断总体,即从样本的数据去推断总体的数据。在心理学研究中应用数理统计是研究方法的一个重大突破,其中经历了两个发展阶段:描述统计产生于20世纪20年代之前,以F. 高尔顿和K. 皮尔逊为代表;推断统计学产生于20年代之后,以R. A. 费希尔为代表。高尔顿在研究优生学、心理学等问题时提出了中位数、百分位数、四分差、相关和回归等描述统计的重要概念。C. E. 斯皮尔曼则发展了相关系数的概念,在心理学研究中最先使用了因素分析的方法。1925年,费希尔的《研究工作者用统计方法》出版,为心理学研究提供了实验统计范式,提出心理学实验研究应遵循3项程序:①对被试进行随机化选择;②在实验中被试进行控制;③以统计学方法检验研究结果。以上皆构成对心理学研究方法的重要贡献。

而在心理学研究中,无论研究哪种心理现象或采用哪种具体方法,心理学研究的基本程序都大致相同。一般包括下列步骤:①提出问题;②查阅文献;③形成假设;④制订研究方案;⑤搜集数据和资料;⑥数据和资料的统计处理;⑦结果分析;⑧做出结论。科学研究是从问题开始的,前三个步骤是选题过程,其主要任务是提出假设和考虑选择验证假设的途径和手段,考察选题的合理性和科学性。中间两个步骤是围绕着验证假设制订研究方案,确定自变量、因变量及其操纵和记录的方法,并对无关变量加以控制,然后搜集论证假设的证据。后三个步骤主要是运用各种方法对搜集到的数据资料进行加工整理,对研究中的现象和变化规律做出解释,说明获得的结果与假设的符合程度、形成结论。因此,心理学的科学研究实际上就是提出假设和验证假设的过程。心理学家总是根据所研究问题的性质、目的以及研究过程各阶段的要求来选择具体的研究方法。

20 世纪以来,心理学在发展中形成了许多学派。由于各学派的哲学观点以及对心理学研究对象的理解各有不同,所以采用的研究方法也不同。例如:构造心理学用内省法研究经验的元素构成;机能心理学用内省和客观观察法研究意识的基本效用;行为主义心理学强调用客观的实验法研究外显行为;格式塔心理学用现象学方法研究经验的整体性;精神分析学派用临床分析法研究无意识和心理异常。

不论众多心理学理论流派,书理学从心理学借鉴的主要是研究方法,尤其是实验方法和统计方法。研究设计中还涉及问题与假设的逻辑匹配;量表设计与效率考量;数据源与预期效果:诸如小样本还是大数据等。

借鉴心理学研究,书理学研究中研究设计成为关键,具体可分解为以下三步:

(1)界定研究问题。界定问题是进行研究的基础和起点,正如爱因斯坦所说"提出一个问题往往比解决一个问题更重要"。在确定的研究领域中,如何明确研究问题,既要依靠经验积累,也要依靠情报检索——这里可以给出的建议是:由研究问题形成的检索策略在任何单一数据库中检索出的文献量以十篇左右为宜,因为如果一个数据库的相关文献就达数十篇甚或上百篇,则所有相关文献很可能成千上万,表明研究已成熟从而选题需修改。

(2)提出研究假设。明确问题之后,为了解决问题,就需要提出各种方案、假说,以便检验实际情形与假设情形之间的偏差。对于定量研究,设定研究假设 H_0 和置信度(真值落在允许偏差幅度即置信区间内的概率,常用 95% 或 99%),选取统计量 u,计算实际 u 并与其理论值 u_α 比较(α 为显著度,$\alpha \leqslant 0.01$ 对应置信度 99%;$\alpha \leqslant 0.05$ 对应置信度 95%),若 $|u| < u_\alpha$ 就肯定研究假设 H_0,若 $|u| \geqslant u_\alpha$ 则否定研究假设 H_0。

(3)选择研究方法。要对研究假设进行理论和实践双重论证与检验,就需要研究方法。一般需用适当的方法开展研究,才能有效检验研究假设并回答研究问题。无论是选用定性还是定量研究方法,都有相应规范。

方法选择归根结底需要考虑:1)用什么方法解决什么问题;2)方法应与问题相适应;3)新方法需要证明。面对研究问题,选择适合的研究方法,并用研究方法解决研究问题,是学术研究的一般程式。

定性研究方法和定量研究方法都有各自的适用范围与应用边界。定性研究方法从事物的内在规定性来研究事物,通常以普遍承认的公理、一套演绎逻辑和大量的历史事实为基础,依据事物的本质属性描述、阐释所研究的事物。定量研究方法则从能用数量表示的资料或信息出发,通常按统计法则收集数据,进行量化处理、检验和分析,进而揭示事物间存在的量化关联并阐明现象。

参考陈向明在《质的研究方法与社会科学研究》[6]中对质的研究与量的研究的比较,这里把定量研究方法和定性研究方法的特征概括如表 7-1。

表 7-1 定量研究方法和定性研究方法的特征

比较项	定量研究方法	定性研究方法
知识特点	客观量化	主观质化
价值判断	不影响结论	影响结论
研究目的	寻求普遍共识	寻求特殊原因
研究问题	研究前认定	研究中产生
取样特点	统计性抽样	目的性抽样
实现方式	计算分析	语言描述
分析框架	事先设定	逐步形成
信度、效度	可重复、证实	不可重复、证伪
理论假设	研究前形成	研究后形成
成文方式	客观表述	主观描述

从表 7-1 可见,定性研究与定量研究的确有很多不同,比如着眼点不同,定性研究着重事物质的方面,定量研究着重事物量的方面;又如依据不同,定量研究依据的主要是调查得到的数据资料,定性研究的依据则是大量历史事实和生活经验材料;再如方式方法不同,定量研究主要运用统计分析、定量模型等方法,定性研究则主要运用逻辑推理、定性比较等方法。总体而言,定量研究较为客观,但需要特定的量化测度并关注统计分析和实证检验;定性研究则较为主观,需要触及

事物的本质特性并关注证伪判定,这需要依据一定的理论和经验。值得指出的是:国内对定性研究与定量研究的理解异于国际通行含义,故学界特用质性研究与量化研究以区别,尽管英译名称一致。本书不作区分,但强调定性研究有两个不同的层次:一是没有或缺乏数量分析的纯定性研究,结论往往具有概括性和较浓的思辨色彩;二是建立在定量分析的基础上的、更高层次的定性研究,结论往往更加可靠。

在实际研究尤其是社会科学研究中,定性研究与定量研究常需配合使用[7-9]。在进行定量研究之前,研究者可借助定性研究确定所要研究的现象的性质;在进行定量研究过程中,研究者也可借助定性研究确定现象发生质变的数量界限和引起质变的原因。定性研究是定量研究的基础和指南,但只有同时运用定量研究,才能在精确定量的根据下准确定性。因此,本书倡导质性研究需要量化支持,而量化研究需有质性判断,并适度强化实证[10]。

7.3　书理与其他学理

除物理和心理外,书理学可以借鉴的学理还有生理、病理、药理、地理等。

生理学(Physiology)作为生命科学的一个分支,是以生物机体的正常生命活动现象和机体各个组成部分的功能为研究对象的一门科学,旨在揭示活机体的正常生命活动规律。活机体包括最简单的微生物到最复杂的人体,生理学研究也包括个体、器官、细胞和分子层次的生理活动。因为研究对象不同,生理学可分为微生物生理学、植物生理学、动物生理学和人体生理学,而通常所说的生理学主要是指人体和高等脊椎动物的生理学。

生理学真正地成为一门实验性科学是从 17 世纪开始的。1628 年英国医生 Harvey 证明了血液循环的途径,并指出心脏是循环系统的中心。他的结论是在几种动物身上应用活体解剖法通过多次实验而获得的。在 17－18 世纪,显微镜的发明和物理学、化学的迅速进步,都给生理学的发展准备了良好的条件。例如,应用显微镜发现了毛细血管,证实了 Harvey 对循环系统结构的推论;物质守恒与能量守恒及转化定律的提出,以及燃烧和呼吸原理的阐明,为机体新陈代谢的研究奠定了基础。到了19世纪,随着其他自然科学的迅速发展,生理学实验研究也大量开展,累积了大量各器官生理功能的知识。例如,关于感觉器官、神经系统、血液循环、肾的排泄功能、内环境稳定等的研究,均为生理功能提供了不少宝贵资料。

19世纪,生理学开始进入全盛时期。首先应提到法国的著名生理学家贝尔纳,他在生理学的多方面进行了广泛的实验研究并做出卓越贡献,特别重要的是他提出的内环境概念已成为生理学中的一个指导性理论。他指出血浆和其他细胞外液乃是动物机体的内环境,是全身细胞直接生活的环境,内环境理化因素如温度、酸碱度和渗透压等的恒定是保持生命活动的必要条件。1904年,俄国学者I. P. 巴甫洛夫(Павлов,И. П. ,1849-1936)创立条件反射学说,促进了系统生理学研究。1924年,荷兰学者W. 爱因托文发明心电图;1930年,美籍奥地利学者K. 兰德斯坦纳发现血型,皆极大地促进了生理学的发展。如今,生理学已成为囊括细胞基础、新陈代谢、循环系统、呼吸系统、消化系统、神经系统、内分泌系统等的庞大知识体系。书理学发展可以借鉴,而有知识单元、知识测度、书籍体系、学科知识体系、图书馆知识集合等。

此外,病理、药理、地理等研究领域的内容及结构也值得书理学参考,具体细节无关本书宏旨,就不再分述。

参考文献

[1](苏)亚·索·康帕涅茨著;戈革译. 理论物理学. 北京:人民教育出版社,1960

[2](英)罗杰·彭罗斯著;王文浩译. 通向实在之路. 长沙:湖南科学技术出版社,2008

[3](美)理查德·格里格 & 菲利普·津巴多著;王垒等译. 心理学与生活(第19版). 北京:人民邮电出版社,2016

[4](美)伊万斯等著,周海燕译. 心理学研究方法. 北京:中国轻工业出版社,2009

[5]朱大年,王庭怀主编. 生理学(第8版). 北京:人民卫生出版社,2013

[6] 陈向明．质的研究方法与社会科学研究．北京:教育科学出版社, 2000

[7]杨耕．社会科学方法的发生、范式及其历史性转换．中国社会科学,1994(1):135－145

[8]王伟光．简论社会科学方法论及其基本原则．北京社会科学,1995(2):24－31

[9]汪丁丁．社会科学定量分析方法基础探讨．社会科学战线,2010(1):40－46

[10]叶鹰等．图书馆学实证研究导引．图书馆,2008(1):2－3,12

第八章　知识解析

当从书籍表象深入研究到书籍内容时，各种学科专门知识呈现出来，对之进行知识解析构成书理学无限广阔的发展空间。在当今信息技术和人工智能时代，通常都通过运用专门软件实现对各领域知识的分析，这预示着书理学的美好未来。限于相关研究初起、远未成熟，本章仅为提示性导引。

8.1　知识挖掘与微观知识分析

用技术方法识别学科研究前沿热点并进行知识挖掘和可视化呈现[1]可谓一种微观知识分析，这需要技术方法支持。国外关于文献信息统计分析的技术方法和应用软件较多，如社会网络分析软件 Pajek 和 Ucinet，特别是信息可视化分析软件 CiteSpace[2]和 VOSviewer[3]的兴起极大地促进了知识展示[4-5]，但这些软件都是主要针对 Web of Science (WoS)或 Scopus 数据库开发的，不能直接处理国内期刊全文数据库数据，因此，为兼顾处理国内期刊论文数据和国际 WoS 数据，我们尝试在 .NET 平台上利用 C#编程技术设计开发具有通用价值的文献题录信息统计分析工具软件 SATI (Statistical Analysis Toolkit for Informetrics)[6]，可对国内外期刊数据库进行文献信息进行统一分析，进行关键词词频统计分析和高频关键词共现矩阵构建，并借助 Ucinet 生成可视化知识图谱，以识别研究热点和直观呈现知识单元之间的共现关系，并通过中外比较探讨国内外研究的共性和差异。该软件已作为开源软件分享(ver. 2.0 at http://sati. liuqiyuan. com, ver 3.2 at http://pan. baidu. com/share/link? shareid = 133442&uk = 3238469186),主要实现了以下功能:

(1)字段信息抽取:支持 WOS 导出的 HTML 格式、国内期刊全文数据库导出的 EndNote 格式和 NoteExpress 格式题录数据,在"选择抽取字段"面板可以选择抽取关键词、主题词、作者、引文、机构、发表年、标题、期刊、文献类型、摘要、URL 等字段信息,利用自定义标识功能还可以扩展处理其他类型题录数据和抽取其他字段信息。

(2)条目频次统计:根据抽取到的字段信息对条目元素(包括:关键词、主题词、作者、引文、机构、发表年、期刊、文献类型等)的频次进行统计和降序排列,同样可利用自定义标识功能扩展统计其他元素频次,生成频次统计文档。

(3)共现矩阵构建:可自行设定共现矩阵输出行列数,将频次降序排列表中的相应数量条目元素作为知识单元进行运算,以构建知识单元共现关系矩阵(包括关键词共现矩阵、主题词共现矩阵、引文共现矩阵、作者共现矩阵和机构共现矩阵等),生成 Excel 格式和 . txt 文本格式共现矩阵文档。进而可以将此矩阵文档导入相关软件(如 Ucinet、Netdraw 等可视化分析软件)以生成共现网络知识图谱。

这里以图书情报学为实例,运用词频分析法和共现分析技术,选取 2006—2010 国内外图书情报学(LIS)各十种具有代表性的核心期刊所刊载的论文进行实证研究。十种国际图书情报学核心期刊分别为 Journal of Information Science, Journal of the American Society for Information Science and Technology, Scientometrics, Journal of Informetrics, Information Processing & Management, Information & Management, Journal of Documentation, Libri, College & Research Libraries 和 International Journal of Information Management;十种国内图书情报学核心期刊分别为中国图书馆学报,大学图书馆学报,情报学报,图书情报工作,图书情报知识,图书馆杂志,情报科学,情报资料工作,图书与情报和图书馆。数据清洗包括:(1)去除没有作者和关键词的文献题录;(2)去除卷首语、通知、征文、声明、启事、公告等无关文献题录;(3)去除国内期刊关键词集合中与相应关键词对应的英文翻译。最终一共处理了 4418 篇国际期刊论文,其中具有关键词的论文有 1867 篇,包括 8670 个关键词,平均每篇有 4.64 个关键词。共处理了 13026 篇国内期刊论文,包括 53448

个关键词,平均每篇有 4.10 个关键词。

在利用文献题录信息统计分析工具 SATI 构建共词矩阵的过程中,设置矩阵行列数(阈值)为 50,即分别选取国内外各 50 个高频关键词作为知识单元,将 SATI 自动生成的 Excel 格式矩阵文件导入 Ucinet,并按照词频的排序控制网络节点大小,形状统一选择 circle,颜色按照 ID 设定并隐藏度的值,分别得到了如图 8-1 和图 8-2 所示的国内外图书情报学高频关键词共现网络知识图谱。

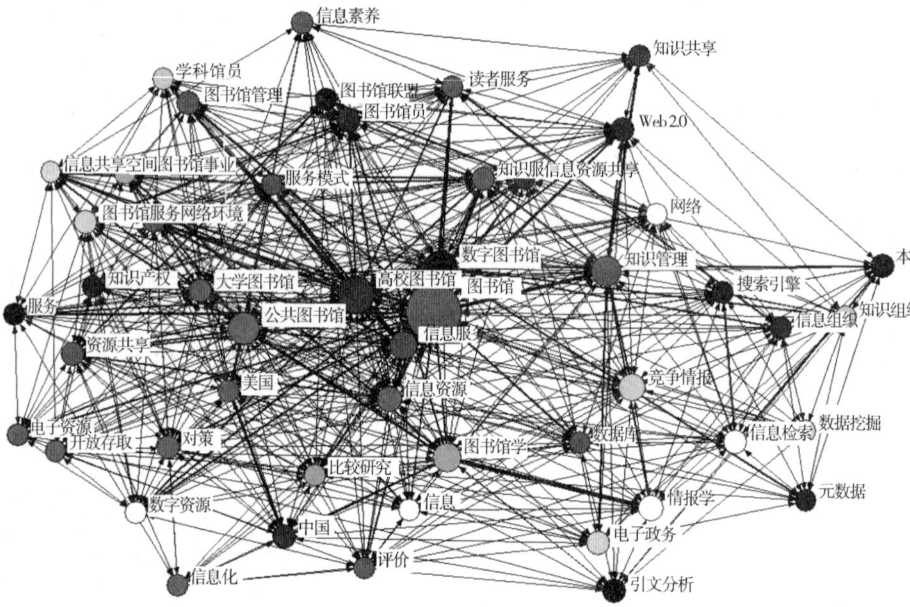

图 8-1 国内图书情报学高频关键词共现网络知识图谱(制图:刘启元)

网络知识图谱中,不同颜色和大小的圆点代表不同的关键词节点,节点的大小代表的是节点的中心性,节点越大代表其在网络中的重要性越高,如果两个词在一篇文献中同时出现过,它们之间就会有一条边,边的粗细程度代表两个节点之间的关联程度,线越粗代表关联性越高,即在文献中同时出现的次数越多。

从图 8-1 可以看出,图书馆处于国内图书情报学高频关键词共现网络的中心位置,是网络中最重要的节点,说明图书馆在国内图书情报学学科的研究中占有举足轻重的地位。围绕着图书馆,形成了具有紧密关联性的数字图书馆、高校图书馆、信息服务、公共图书馆、信息资源、知识管理、图书馆学、情报学、竞争情报、本体、Web 2.0、引文分析、信息检索、数据挖掘等研究热点的结构主体。其中,图书馆学和情报学两个节点间的连线最粗,说明图书馆学与情报学虽为独立的两个不同学科,但两者关联性最大。

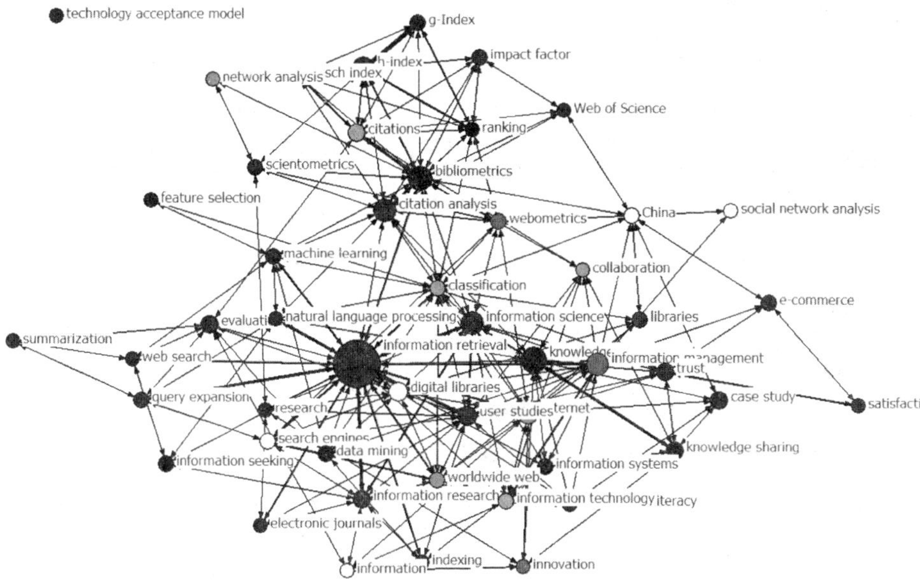

图 8-2　国际图书情报学高频关键词共现网络知识图谱(制图:刘启元)

从图 8-2 可以看出,信息检索(Information Retrieval)处于国际图书情报学高频关键词共现网络的中心位置,其中心性最大,是网络中最重要的节点,围绕着信息检索,形成了具有紧密关联性的知识管理、文献计量、信息科学、引文分析、自动分类、用户研究、信息管理、中国、因特网等研究热点的结构主体。其中,节点 h-index 与 g-index 之间连线最粗,说明两者的关联性最大。

由此可见,2006-2010 五年间国内图书情报学的研究热点是:数字图书馆、知识管理、信息服务、竞争情报、WEB2.0、信息资源、本体、知识服务、资源共享、信息检索和电子政务,研究热点背景是 WEB 2.0 和网络环境。国际图书情报学的研究热点是:信息检索、知识管理、文献计量学、信息管理与评价、数字图书馆、用户研究、知识共享和搜索引擎,研究热点背景是因特网。

对比分析可知,信息检索、知识管理、数字图书馆和知识共享是国内外研究的重合部分,在这些重合领域之中,国内更加侧重研究的是数字图书馆和知识管理,而国际侧重研究的则是信息检索,知识管理次之。国内侧重研究的信息服务、竞争情报、WEB2.0、信息资源、本体、知识服务和电子政务并不是国际重点研究领域，在国际图书情报学研究中出现的频率不高，这也说明国内图书情报学研究与国际相比仍有所滞后。

在研究内容上，国外侧重应用，国内侧重理论。国际高频关键词列表中，评价和案例分析分别位居总词频排名的第12位和第14位，而国内热点领域关键词中，评价位于第46位，与案例分析有关的关键词在前100位之内并无出现。

在研究方法上，国外偏重定量，国内偏重定性。国际高频关键词列表中，文献计量学、引文分析和h指数分别位于总词频榜第3、第4和第6位，在国内则分别位于第67、21和124位。

在学科关联性上，国际图书情报学与信息科学、计算机科学和管理科学关系最为紧密，关键词总词频降序排列表的前20位中，有7个关键词与计算机技术有关，有4个关键词与管理有关。而国内图书情报学则与图书馆关系最为紧密，图书馆、高校图书馆、数字图书馆、公共图书馆、图书馆员和图书馆服务等关键词，皆位于总词频排行榜前20位，可见国内图书情报学研究的主要对象依然是图书馆。

综上，我们在开发出文献题录信息统计分析工具SATI基础上识别了中外图书情报学研究热点并揭示其间关系，可与其他结果相互印证[7-9]。该方法特别适合在中外文献题录信息基础上挖掘中外研究热点及其关联，并在比较中揭示其差异，虽然仅以图书情报学为例进行实证研究，但技术方法适用于各学术领域，体现知识挖掘与微观知识分析。

8.2 知识可视化与宏观知识呈现

不同学科领域之间的知识交织和组合发展可以通过可视化方法、知识网络[10-11]等呈现。这里结合引文网络、网络分析和可视化方法，以CNKI引文数据库中82个文科领域在2001－2010年10年间产生的8805762条引文记录为基础，建立我国文科领域的引文网络，再通过引文网络结构探析我国文科领域中的知识扩散状况[12]。

CNKI 的论文归类根据研究主题相似性按专题进行归属,更接近研究主题领域的概念。因此这里的讨论未使用“学科”一词,而是采用范畴更宽松的“领域”概念。利用该数据库,我们在专题统计项中,限定 2001 – 2010 年进行检索统计,采集全部 168 个自然和人文社会领域的 30613872 条引文记录。然后从中析出全部 82 个文科领域及相互引征联系(含 8805762 条引文记录),构成 82 × 82 引文矩阵,由此矩阵转化为文科领域引文网络。

在网络的定量研究中,我们使用有向 h 度和核心 – 边缘方法两种专用方法探索节点和网络整体特性。

节点方面,由于研究领域引文网络中的联系带有明确的强度特征(引用次数),并且此强度特征具有重要的测度意义,因此节点测度应使用更合适权重网络的 h 度(h – degree)方法[13]。h 度方法认定权重网络中的重要节点应同时具备两个特征:第一,与较多的节点存在联系;第二,与其他节点的联系应具有一定的强度。该方法还具有平衡联系数量和联系强度、符合网络中幂律特性和易于计算等特点,可望具有广阔应用前景。

引文网络不仅是权重网络,同时它还是有向网络,即联系存在方向(被引和施引)的差别。对引文网络的节点而言,当节点是联系中的“被指向”端(节点被引)时,此关系为该节点的入联系。当节点是关系中的“指出”端(节点施引)时,此关系为节点的出联系。在这样带权且有向的引文网络中,可使用 h 度的补充方法——有向 h 度(Directed h – degree)。有向 h 度作为节点测度,分为入 h 度和出 h 度。相关定义为:

入 h 度:节点 n 的入 h 度 $h_I(n)$ 指此节点与其他至多 $h_I(n)$ 个节点保持了大于或等于 $h_I(n)$ 的入联系。

出 h 度:节点 n 的出 h 度 $h_O(n)$ 指此节点与至多其他 $h_O(n)$ 个节点保持了大于或等于 $h_O(n)$ 的出联系。

引文网络中,入 h 度和出 h 度可分别测度某一节点扩散和吸收其他节点知识的广度与强度。研究领域在引文网络中具有较高的入 h 度,说明此节点以较高的强度向较多其他领域扩散了知识,即可被视为重要的知识源领域。节点数量为 N 的网络中,将入 h 度和出 h 度根据节点规模进行标准化(除以 N – 1)可得到入 h 中心度和出 h 中心度。

网络整体的分析采用核心－边缘模型（Core/Periphery model）探索整体网结构。现实的网络，特别是网络中的联系带有社会性的社会网络，较普遍的都具有核心－边缘结构。核心与边缘的二分说明网络中存在着高影响力的重要节点（群）和相对边缘的次要节点（群），这与复杂网络中广泛存在的幂律度分布具有一致性。这一方法根据节点的重要性和亲疏程度，把网络中的节点分为核心节点和边缘节点，从而也能达到简化复杂网络和聚焦于网络关键结构的目的。在研究领域引文网络中使用核心－边缘模型，可望探测出整个网络中的核心领域群。

我们采用包括网络分析软件 UCINET 和文献信息可视化软件 VOSviewer 在内的专用分析软件，构建出我国文科领域的引文网络后计算出节点 h 度数值。该网络中的节点平均入 h 度为 43.098，平均出 h 度为 43.073。82 个研究领域中，出 h 度最高的是“高等教育”（出 h 度＝72）和“体育”（出 h 度＝68）。将出 h 度与入 h 度进行比较可揭示研究领域在接受知识并吸收与创造知识并扩散之间的结构性差异，如图 8－3 所示。图中可见，我国文科领域的入 h 度与出 h 度之间具有拟合优度并不高的拟线性关系，较多领域的入 h 度和出 h 度之间存在一定差异。相比于吸收知识的广度和强度，“中国政治与国际政治”“哲学”和“社会科学理论与方

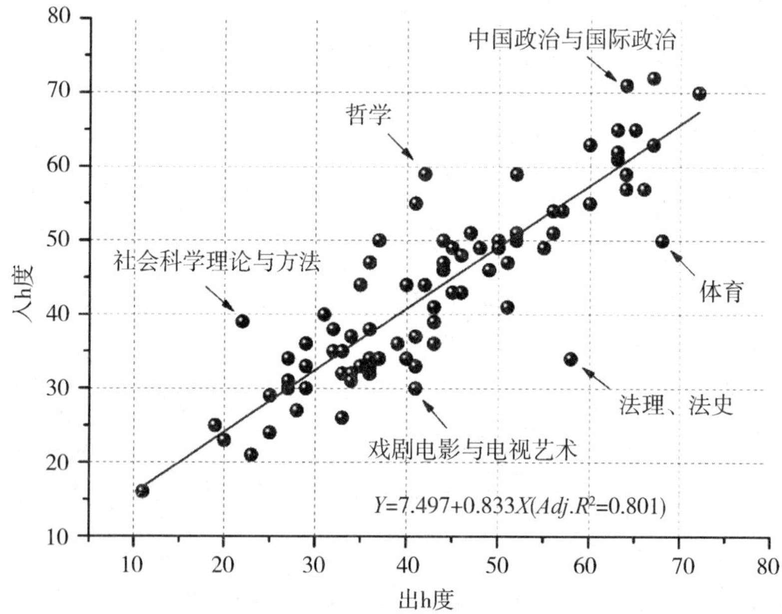

图 8－3　我国文科领域的入 h 度与出 h 度的比较（制图：赵星）

法”等更多地向其他领域扩散知识。而相比于扩散知识的广度和强度,“体育”“法理、法史”和“戏剧电影与电视艺术”则更多地从其余领域吸收知识。

经用 VOSviewer 对引文网络进行可视化后,我们发现“宏观经济管理与可持续发展”是网络的重要中心,并引领经济学和金融学成为网络中的活跃领域。鉴于研究领域的整体引文网络信息密集,我们运用核心 - 边缘方法析出核心节点群体,组合构成网络中知识扩散的核心子网,如图 8 - 4 所示。

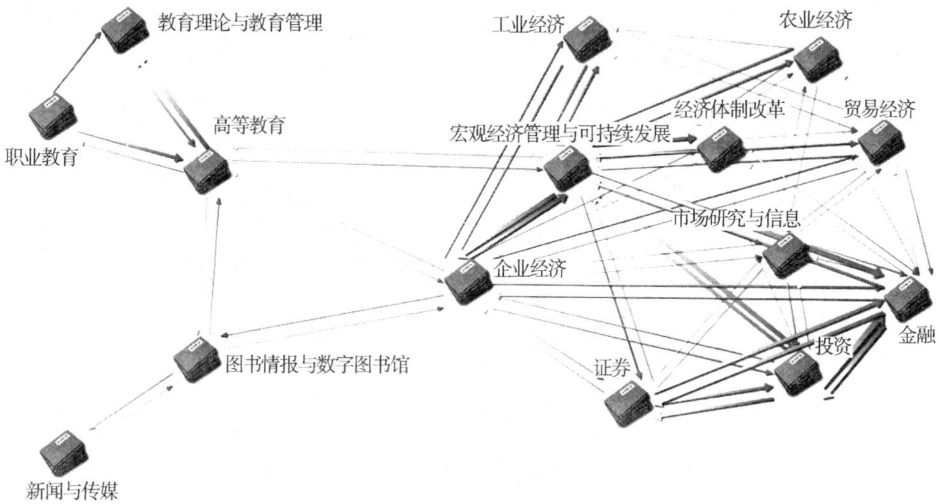

图 8 - 4　文科领域引文网络中的核心区(制图:赵星)

图中节点是由核心 - 边缘分析方法析出的 15 个核心节点,并由此构成整体网络中的核心子网。由于联系数量繁多且紧密,为避免相互遮盖,仅展示强度(引用次数)达到 5000 次的联系。

图中的领域数量仅为领域总数的 18.3%,但相互间引用次数约占整体网络中引用次数的一半(439 万 1190 条,占 49.9%),可见,核心研究领域之间的知识扩散频繁且关系密切。图 8 - 4 也显示经济管理与金融投资在核心节点中占据了 2/3 的比例,是我国 21 世纪前十年人文社会研究中较受关注的活跃领域。此外,教育学的三个领域也形成小型核心领域群。而图书情报学连同研究对象也与广义信息相关的新闻与传媒领域构成第三个核心领域群,其中,图书情报学不仅是网络核心节点的,还同经济管理与金融投资和教育学两个核心领域中的中心节点保持了较强(超过 5000 次的引用和被引)的知识扩散联系。此结果说明图书情报已在文科领域之间的知识扩散中扮演重要角色,成为较活跃的研究领域。

总之,以 CNKI 收录的 2001－2010 年人文社会学科论文的 8805762 条引文记录为基础数据构建了我国 82 个文科领域的引文网络,用于定量刻画和可视化表征我国文科领域的科学知识扩散。结果显示,经济学、教育学和政治学等学科中的部分领域是重要的知识源;析出的核心－边缘结构中,2/3 的核心节点来源于经济管理和金融投资领域;图书情报学亦成为 15 个核心领域之一。以 2001－2010 年我国 82 个文科领域的引证关系为基础数据,探析了相关引文网络的结构及其映射的知识扩散状况。结果显示,经济学、教育学、政治学、哲学等的相关领域在系统中处于引用源地位,具有基础性;“宏观经济管理与可持续发展”等 15 个领域构成引文网络的核心节点。其中,经济管理和金融投资的相关领域占主要部分,构成重要的热点研究领域集。而图书情报学亦成为我国文科领域中的核心节点,在 21 世纪初展现出良好的学术活力。这一文科领域分析实例初步展示了知识可视化与宏观知识呈现的场景。

8.3　从知识服务到探究知识

早在 2000 年,张晓林先生曾呼吁图书馆要“走向知识服务”[14],而真正要实现知识服务,图书情报人员就要在文献情报分析与专业研究的结合面上开拓出一个全新的研究领域,使文献情报分析深化到能启示并促进专业研究的程度,同时也让专业研究的思想启示和促进文献情报分析发展。这既是专业图书馆员的努力方向,也是情报分析的重要发展方向。从知识服务到探究知识是图书馆学和情报学的共同事业,值得阐扬。

由于人类知识与文化几乎全部记录并保存于文献(书籍)中,故使得通过文献从宏观上把握人类知识与文化的发生、发展成为可能,也就使通过文献情报分析判断专业研究的状况、方向有了依据。一些设想如下[15]:

(1)在物理学中,自广义相对论和量子场论两大标准模型定型后,物理的进步在超弦的美景前戛然而止,弦论预言的宏观多重宇宙和微观超对称粒子远离物理学的实验传统,开启了无限想象,也让物理学无所适从;加上暗物质和暗能量现象客观上让当代物理学仅能解释不足5%的宇宙物质及运动,这正在动摇物理作为自然科学最坚实学科之根基。为此,笔者提出旋基物理学[16],可在保存标准模型、抛弃超对称的同时免除暗物质和暗能量之困扰。

(2)在化学中,除元素周期律外,化学几乎不再有普适性的规律或理论。然而,化学已经积累了大量实验事实和经验规律,是时候进行理论归纳研究了。既可根据已有化学事实提炼,也可将原有理论逐步拓广。例如:酸碱理论从Arrhenius水-离子论、Franklin溶剂论、Bronsted-Lowry质子论、Lewis电子论直到Усанавич正负论[17],其酸碱定义越来越广,理论所容纳的事实越来越多,在此基础上做进一步的逻辑拓展就成为酸碱相对论(粒子论)——酸是能与碱反应且在反应中给出正粒子(正离子、带正电基本粒子等)或中性粒子(原子、分子、官能团、光子等)、或能接受负粒子(负离子、带负电基本粒子等)的物质,碱是能与酸反应且在反应中给出负粒子、或能接受正粒子或中性粒子的物质,盐是酸和碱反应产生的物质——这一理论使酸、碱只有了相对的意义,但却可将所有化学反应甚至核反应都统一解释为酸碱反应。此外,从元素周期律拓展到分子周期律也是值得探索的思路。

(3)生物、地球和天体演化问题一直是人类文化长期争论的一个焦点。无论是生物进化、地球演化,还是天体演化,都有渐变(均变)论与突变或激变(灾变)论之争:Darwin和Lyell的学说是渐变论,Cuvier的理论是灾变论;星云演化说是渐变论,大爆炸演化说则是突变论,等等。虽然这类争议时至今日仍未完结[18],然而人们是否想到:这会不会像光的微粒说与光的波动说之争一样以波粒二象性而告一段落呢?既然物理学论定一切物质都存在波粒二象性,也就是说物质都是连续与间断的统一,那么一个符合逻辑的推论是:自然过程都是连续与间断的统一,天体、地球和生物的进化也是渐变与突变的综合——渐变与突变交互发生,这可能就是万物进化的真正过程和机制。

(4)医学的发展既有赖于医药技术的提高,也有赖于生理、病理、药理等基础理论的进步。在西医已成主流的当今世界,独树一帜的中医很不景气。固然,在外科手术和急症处理上西医明显占优,西药的药效显著和机理清楚,皆是西医的优势;然而,中药从生化机制看总体应是调节代谢体系,而非西药机理阐明的阻断或增强某些代谢环节。具有数千年实证疗效的中医药堪称国宝,可与西医相互取长补短而共同发展,并在发展中以主流科学方法解析其医理和药理。

(5)哲学和人文学科的一个共同特点是没有像自然科学那样的公认标准可遵循,所依据的基本准则千差万别。例如,哲学和宗教信仰因人而异,各国的法律系统、政治制度繁杂多样,文学艺术更是品味各异,等等。所有这些现象,究其根源,可以发现——虽然物质世界是唯一的,但由于世界各地人们的思维方式、分析方法和所用语言、符号、术语等不同以及地域、气候、环境等有差异乃至自成体系的发展等,均可使一元的物质世界在意识中形成多元的精神思想,从而产生不同的理性认识——这种物质世界的一元性和理性认识的多元性是人类知识与文化错综复杂、哲学与人文体系多种多样的根源。

(6)文学的精品是诗歌,由于其简洁凝练的语言特点,长期以来对中外诗歌能否互译都有争议[19],这一问题的焦点实际上是各种语言的诗歌具有不同的格律。翻译如果破坏了诗歌格律,则诗歌音韵、神韵皆失,便不再成为诗歌。只要约定:凡诗歌都应有格律,无格律的文字集合不是诗歌,则上述问题可以用一个中外诗歌格律的统一理论来解决——诗歌格律是指:①相同或相近韵母的规律性重现(韵律,源自音色);②声调的规律性变化(声律,源自音频);③重轻音的规律性交替(重轻律,源自音强);④长短音的规律性交错(长短律,源自音长)。诗律因语言不同而略有差异:汉语诗歌格律是①②及其组合;英语、德语、俄语世界语等诗律是③①及其结合;法语诗律则是④③①及其组合,等等——这样,只要在翻译诗歌文字意义的同时将诗歌格律进行相应转换,则译诗就是可行的。因此,诗歌翻译原则应是:意译字句,转换格律。现代汉语“自由诗”几乎置声律和韵律于不顾,无异于排列起来的散文,这绝不是汉语诗歌的发展方向。正确的方向应是:继承并扩展汉诗格律传统,突破古典诗词体裁、格式而创新。凡诗歌必有内在的“诗性”,这种性质不会因外表排列格式而改变,因此,如果改变“诗歌”排列格式“诗性”随之消失的话,该“诗歌”就不是真正诗歌,这可以作为判别诗歌真伪的一个参考标准。

其他可列举的情形还很多,如东方绘画多用线条,西方绘画常用色块;东方音乐侧重旋律,西方音乐注重和声;人类可能在新的公理系统上重建整个科学体系,但却难以重建整个哲学和文学艺术体系,等等。

总之,文献情报工作能对人类文明有所贡献吗?能对人类知识与文化发展有所促进吗?以上设想给出肯定回答:通过文献情报分析启示专业研究,将专业研究的"血液"注入文献情报分析的"肌体",就能赋予文献情报分析以强大的生命力,使之具有重要价值和积极意义。文献情报分析的研究前景广阔,待开发、深化的领域很多,"潜能"无穷,足以推进人类知识与文化,也正是发展书理学的重要意义。

参考文献

[1]White,H. D. and K. W. McCain.. Visualizing a Discipline:An Author Co – Citation Analysis of Information Science,1972 – 1995. *Journal of the American Society for Information Science*,1998,49(4):327 – 355

[2]Chen,C.. CiteSpace II:Detecting and visualizing emerging trends and transient patterns in scientific literature [J]. *Journal of the American Society for Information Science and Technology*,2006,57(3):359 – 377

[3]van Eck,N. J. and Waltman,L.. Software survey:VOSviewer,a computer program for bibliometric mapping. *Scientometrics*,2010,84:523 – 538

[4]Cobo,M. J. et al.. Science mapping software tools:review,analysis,and cooperative study among tools [J]. *Journal of the American Society for Information Science and Technology*,2011,62(7):1382 – 1402

[5]张力,赵星,叶鹰. 信息可视化软件 CiteSpace 与 VOSviewer 的应用比较. 信息资源管理学报,2011,1(2):95 – 98

[6]刘启元,叶鹰. 文献题录信息挖掘方法及其软件实现——以中外图书情报学为例. 信息资源管理学报,2010,1(1):

[7]叶鹰. 图书情报学前沿研究领域选评[J]. 中国图书馆学报. 2008,34(4):63 – 70.

[8]吴慰慈. 信息资源开发与利用的十个热点问题. 中国图书馆学报,2008,34(3):5 – 10

[9]赖茂生等. 情报学学科建设的前沿领域(专题). 图书情报工作,2008,52(3):6 – 24

[10] 王晓光. 科学知识网络的形成与演化(I):共词网络方法的提出[J]. 情报学报,2009,28:599 - 605.

[11] 王晓光. 科学知识网络的形成与演化(II):共词网络可视化与增长动力学[J]. 情报学报,2010,29:314 - 322.

[12]赵星等. 我国文科领域知识扩散之引文网络探析. 中国图书馆学报,2012 ,38 (5):59 - 67

[13]Zhao,S. X. ,Rousseau,R. and Ye,F. Y. . h - Degree as a basic measure in weighted networks. *Journal of Informetrics*,2011,5(4):668 - 677

[14]张晓林. 走向知识服务:寻找新世纪图书情报工作的生长点. 中国图书馆学报,2000,26(5):30 - 35

[15]叶鹰. 文献分析对专业研究的启示概要. 情报业务研究,1989,6(1):14 - 17

[16] Ye, F. Y. . Scientific Metrics: towards analytical and quantitative sciences. Springer & Science Press,2017

[17]任有达. 酸碱理论及其在有机化学中的应用. 人民教育出版社,1979

[18]方宗熙,江乃萼. 进化论. 高等教育出版社,1986

[19]朱光潜. 诗论. 生活·读书·新知三联书店,1984

第九章 哲学升华

从哲学的角度看，作为哲学内核（元哲学）的是本体论（Ontology）、认识论（Epistemology）和价值论（Axiology）。在哲学上，本体是存在的本质抽象，本体论面对的中心问题是“存在及其本质是什么？”哲学按照对本体论问题的不同回答形成一元论（物本论、心本论等）、二元论、多元论；认识论面对的中心问题则是“人能否知道和如何知道万物存在？”哲学按照对认识论问题的不同回答形成先验论、经验论、不可知论；价值论面对的中心问题是“万物存在和认识万物存在对于人的意义是什么？”哲学按照对价值论问题的不同回答形成个体价值主导论、群体价值主导论等。相应地，书理哲学在学理上也需要面对本体论、认识论和价值论问题。

学理完整的哲学内核由本体论（Ontology）、认识论（Epistemology）和价值论（Axiology）组成①：

（1）本体论（Ontology）的词源是希腊文 ον（on）或 οντα（拉丁词根 onta，相当于英文的 being 和 beings），在哲学中，本体是存有的本质抽象，本体论是关于存有及其本质的理论。本体论面对的中心问题是“存有及其本质是什么？”哲学按照对本体论问题的不同回答形成一元论（物本论、心本论等）、二元论、多元论。一种本体论规定了一种哲学的形上学（Metaphysica）结构，是所谓第一哲学（first philos-

① 苏格兰哲学家 J. F. Ferrier 在《Institutes of Metaphysic: the Theory of Knowing and Being》（1854）一书中首先使用 epistemology 并把哲学区分为本体论和认识论两部分。叶福翔在 Triad philosophy and triad science based on triad logic（载 Journal of Zhejiang University SCIENCE，2000，1（4）：467－475）一文中首倡本体论、认识论、伦理观三分说，后在开放手稿“三元哲学核心思想”和“信息哲学的理论资源和逻辑结构”中明确为本体论、认识论、价值论。

ophy)。

在西方传统哲学中，本体论主要探究世界的本原或基质。在中国传统哲学中，本体论叫做"本根论"，探究天地万物产生、存在、发展变化的根本原因和根本依据。西方的客观物质，类似中国的"气"；西方的客观精神，类似中国的"理"；西方的主观精神，类似中国的"心"。① 本体论要回答的主要问题是世界的本原是什么，因而主导了强调存在本质的哲学和宗教。

（2）认识论（epistemology）的词源是希腊文 οπιστημη（拉丁词根 episteme）和 λογος（拉丁词根 logos），也称知识论②，研究内容包括认识的本质、结构，认识与客观实在的关系，认识的前提和基础，认识发生、发展的过程及其规律，认识的真理性等。在哲学中，认识论面对的中心问题是"人能否知道和如何知道万物存有？"哲学按照对认识论问题的不同回答形成先验论、经验论、不可知论。

认识论的任务是要揭示认识的本质，阐明认识发生、发展的一般规律，并给出人类知识的合理解释。16 世纪以来，认识论问题在欧洲哲学中占据中心地位，乃至成为构造哲学体系的出发点。哲学家们期望寻求绝对可靠的知识，并试图把这种知识作为一切知识的出发点和作为评价这些知识真理性的绝对标准。由于对感性和理性、外在经验和内在体验等关系的认识不同，形成经验哲学和先验哲学两大系统。从本体论、认识论和价值论结构看中国传统哲学，认识论最不完备，导致中国文化有以本体判定代替知识（如"无善无恶心之体""万物一理"）、或以价值判断替代认知（如"为善去恶是格物""格物致知"）的趋向，知识问题的核心表述也退化为"知行"关系。

认识论要回答的主要问题是人类能否认识世界和如何认识世界，这就需要方法论，因而方法论成为连接本体论和认识论的桥梁。在知识体系中，强调客观知识的科学技术即由认识论主导。

（3）价值论（Axiology）③的词源是希腊文 αξια（拉丁词根 axia，英文 value）和

---

① 如今以这三类本体立学的哲学分别被冠以朴素唯物主义、客观唯心主义和主观唯心主义之名。

② 英文 Theory of knowledge 是德文 Erkenntnis Theorie 的英译。

③ 该词最初由保罗·拉皮耶（Paul Lapie）于 1902 年，爱德华·冯·哈特曼（Eduard von Hartmann）于 1908 年使用。

λογος（logos），是关于价值观的理论。在哲学中，价值论面对的中心问题是"万物存有和认识万物存有对于人的意义是什么？"哲学按照对价值论问题的应答主体形成个体价值论、群体价值论等。价值论关注个人和社会行为的"正确"或"善"，以及事物的"和谐"或"美"，这与认识论关注事物的"真"形成对照。

在西方传统哲学中，从苏格拉底、柏拉图开始即对人生价值进行探讨，苏格拉底把追求善和美视为人生的最高价值。在中国传统哲学中，虽无明确的价值理念，但在探讨人生理想和人的行为准则过程中，却形成了丰富的价值观，体现为围绕义与利、理与欲等关系进行讨论，结果构成社会伦理。

价值论要回答的主要问题即是人生的意义和社会行为规范，其中个体价值论形成人生观，而社会价值论导致伦理学。在知识体系中，强调主观价值的人文艺术即由价值论主导。

由此观之，图书情报学作为科学，应由认识论主导，纳入科学范畴后方法论将体现更加明显的重要意义。这正是哲学观对图书情报学的启示和定位。因而在图书情报学中，不能用价值判断代替知识判断。固然，涉及人的问题很难避免价值判断，图书情报学中涉及人的部分亦然，这为图书情报学留下认识论主导下的价值论补充。同时，也可把图书情报学的哲学基础具体化为信息本体论、经验认识论和使用价值论[1]：

（1）信息本体论

图书情报学的共同特征都是收集纸质或数字信息资源并组织利用，这些资源的哲学本质可称为"抽象信息"或"信息"，这一"抽象信息"或"信息"即是图书情报学的本体称谓，故成信息本体论。

（2）经验认识论

图书情报学作为一种社会客观存在，迄今为止的认识大多来自经验，表明图书情报学认识论是建立在图书情报学信息本体论基础上的经验认识论，而不可能是任何先验认识论。图书情报学也因此是一门经验社会科学。

既然图书情报学本体论是信息本体论，图书情报学认识论是经验认识论，信息本体论和经验认识论就构成了图书情报学共同的本体论和认识论基础。把方法论作为联络本体论和认识论的纽带，就能实现信息本体论和经验认识论的贯通。

(3)使用价值论

图书情报学的价值,主要在使用中体现出来,因此,图书情报学的价值论是一种使用价值论,既包括针对个人的个体使用价值论,也包括针对群体的群体使用价值论。

个体使用价值论会强调通过发展个性化服务来实现并完善图书情报学的使用价值;群体使用价值论会强调图书情报学的社会文化教育职能,倡导利用丰富的信息资源"文化"社会、"教育"大众,以实现图书情报学的价值。

如同本体论、认识论和价值论构成哲学基础一样,信息本体论、经验认识论和使用价值论可构成图书情报学的哲学基础。由此,我们知道图书情报学都是基于抽象信息、以经验认识主导、关注使用价值的社会科学。

用英国哲学家波普尔(K. Popper)的"三个世界"理论衡量[2],"信息本体"即是一种"客观知识",信息本体论与客观知识世界说异曲同工。1980－1981年,布鲁克斯(B. C. Brookes)就以波普尔的"三个世界"哲学理论为基础,用"知识基础"论作为情报学基础理论,确立了情报学中的知识学派,并发展了等级排序原理和对数透视原理等量化原理,具有创新意义。

按照波普尔哲学,"世界1"是客观物质世界,"世界2"是主观精神世界,"世界3"是客观知识世界。布鲁克斯认为:自然科学家探索"世界1",并将他们获得的知识存于"世界3";社会科学家研究"世界2"及"世界2"与"世界1"的相互作用,也将他们获得的知识存于"世界3";图书情报学家则研究"世界2"与"世界3"的相互作用,并对"世界3"中记录的知识进行组织和利用。而且,图书情报学家获得的知识也将存于"世界3"中成为人类知识的一部分,这正是图书情报学研究的意义所在。

上述哲学框架正好适合书理学,如图9－1所示。

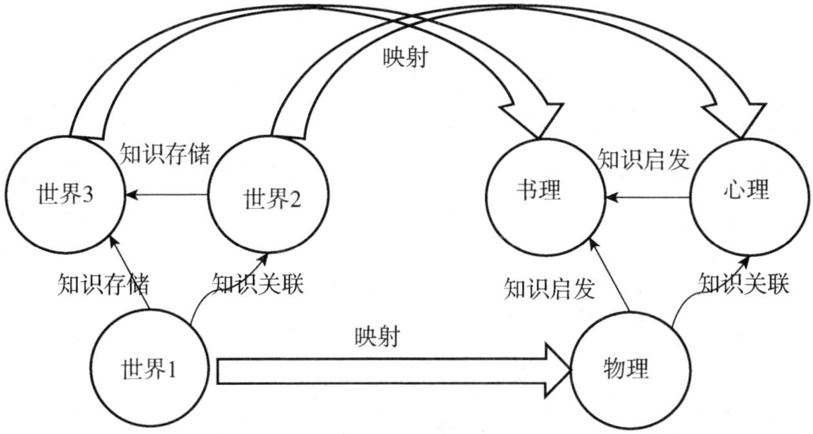

图9－1 书理哲学框架

图9－1意蕴世界1的知识成就了物理，世界2的知识成就了心理，世界3的知识将成就书理。于是进一步把书理哲学阐扬如下。

9.1 书理本体论：象由书起

遍布世界各地的图书馆，无疑是一种客观存在，图书馆本体论要回答的问题，就是这些客观存在的“图书馆的本质是什么？”要回答该问题，就需要提炼图书馆的本质。

图书馆作为收集书刊资料、数字资源并组织利用的一个实体，其本质抽象可以归为“客观知识”，这样就对应波普尔（K. R. Popper）“三个世界”哲学理论[2]中的“客观知识世界”，即“第三世界”，因而波普尔的“客观知识世界”可以作为书理哲学的本体论基础。这正是“三个世界”理论在图书情报学界引起热烈回应的原因。

由于知识与信息既有区别、又有联系，故若将图书馆的本质抽象为客观知识，则与客观知识对应的某类信息（抽象信息）也可用作图书馆本体称谓，在这一意义上，客观知识本体论与抽象信息本体论同根同源。

断定图书馆的本质是客观知识或抽象信息,图书馆本体论就是一种客观知识本体论或抽象信息本体论。徐引篪和霍国庆在“图书馆学研究对象的认识过程”一文[3]中将1992年美国图书馆学家切尼克(B. E. Chernik)在《图书馆服务导论》一书中提出的“图书馆是为利用而组织起来的信息集合”之说界定为“资源说”,认为“资源说”无疑是一种高级的理论形态,它内含“整理说”“社会说”“交流说”和“新技术说”等各种不同层面观点的合理要素,它不排斥这些观点,也不能取代这些观点,但它又确确实实是最接近图书馆本质的观点。并认为“从某种意义上,它开启了一个新的阶段”。为什么切尼克的图书馆定义能有如此功能?从图书馆本体论角度看,就是因为它抓住了图书馆的本质(某类信息),是一种图书馆的本体论定义,同时,切尼克的图书馆定义也是对图书馆本体论的一种诠释。

总而言之,书理本体源于书籍,书籍是书理所论万象产生的根源和存有的本质,即象由书起。

9.2 书理认识论:理从人生

图书馆认识论面对的中心问题是“人能否认识和如何认识图书馆?”

图书馆作为一种客观存在,迄今为止的认识大多来自经验,图书馆学也因此还是一门经验科学,这表明图书馆认识论是建立在图书馆客观知识本体论基础上的经验认识论,而不可能采用先验认识论。

同时,图书馆不仅是一种客观存在,而且是一种社会客观存在,有社会才有图书馆,故美国图书馆学家谢拉在他的多部理论著作中一直倡导社会认识论(social epistemology),认为社会认识论应成为图书馆学的基础,他指出:“通过社会认识论这一术语,我提出了一项新的研究或科学,它不是在大众传播学的原有范围内做文章,而是关于知识本身的一个知识总体。知识是如何发展和扩大的,这是人们,特别是哲学一直研究的一个主题。而怎样把知识安排得协调,使之成为一个完整的体系并加以利用,这还是一个几乎未被认识的研究领域”[4]。这是对经验认识论的补充和扩展,从而形成认识图书馆的社会经验认识论。

因此,人能够通过社会经验来认识图书馆,图书馆认识论就是一种社会经验认识论。

既然图书馆本体论是客观知识本体论,图书馆认识论是社会经验认识论,则可以通过将个体知识注入社会认识中导致社会认识不断增长,也可以利用社会认识丰富个人知识,这也就成为贯通图书馆本体论和图书馆认识论的一种途径。谢拉说:"图书馆作为一个社会有机体而存在。图书馆是一个组织,是一个保存和便于利用的文字记载系统。它是一种工具,在对任何社会和文化都非常重要的交流网中起着联系的作用"[5];著名图书馆学家巴特勒(P. Butler)在1931年出版的《图书馆学导论》中也提出:"图书馆是将人类记忆传递于现今人们意识中的一个社会装置""图书馆是保存人类记忆的一种社会装置"[6],每个人贡献的知识都汇集到图书馆中形成社会记忆,每个人又都可以通过图书馆共享社会记忆,整个社会就有了记忆能力,人类知识就能得以延续。因此,谢拉和巴特勒的图书馆定义,或多或少反映了从社会经验角度对图书馆的正确认识,是典型的图书馆认识论定义,同时也是对图书馆认识论的良好注释。

著名图书馆学家阮冈纳赞"图书馆学五定律"中提出的"图书馆是一个生长着的有机体"[7],则可视为兼顾图书馆本体论和认识论的一种图书馆定义。

与图书馆本体论和认识论密切相关的是图书馆方法论。

特定的本体论可以创引出特定的方法论,如胡塞尔现象学本体论创引出形式本体论方法;特定的认识论也可以引导出特定的方法论,如培根的经验认识论引导出归纳法。因此,本体论、方法论和认识论密切关联、相辅相成、相互影响。

吕斌和李国秋认为符号理论应成为图书馆哲学的方法论基础[8],并基于卡西尔(E. Cassirer)的符号哲学中"符号活动是人类的本性"的思想,认为人类知识的本质是一种符号系统,人的理智是一种符号操作和推演的能力,符号是知识的本质和核心,不同种类的知识其实就是不同的符号系统或是有着不同规则的符号系统。此说很有见地。在图书馆客观知识本体论和社会经验认识论框架下,符号系统可以作为图书馆方法论的抽象核心,而以通用方法(逻辑方法、数学方法等)和专用方法(标引方法、检索方法等)为主干的具体方法体系则构成图书馆方法论的具体内容。

总而言之,书理认识依靠人的判断,书籍中的道理、机理和学理皆经由人的知识判识和技术处理而发生或产生,即理从人生。

9.3 书理价值论:价值用定

图书馆价值论面对的中心问题是"图书馆对于人和社会的意义是什么?"

按照图书馆客观知识本体论或抽象信息本体论,图书馆对于人的个体价值主要在于汇集了知识或信息;而按照图书馆社会经验认识论,图书馆对于社会群体的价值主要是保存了文化。因此,图书馆对于人与社会的个体价值和群体价值分别表现为图书馆的知识或信息价值和文化价值。

如果采纳个体价值主导的图书馆价值论,则应当强调图书馆的知识或信息服务职能,尤其是通过发展个性化服务来改善图书馆服务,是实现图书馆价值的重要途径。

如果采纳群体价值主导的图书馆价值论,则应当强调图书馆的文化教育职能,尤其是利用所收藏的丰富资源"文化"社会、"教育"大众,是实现图书馆价值的重要途径。

因此,图书馆对于人和社会的意义主要是可以提供知识或信息服务和开展文化教育活动,并由此实现图书馆的价值。与个体价值和群体价值相应的图书馆知识价值和文化价值是图书馆价值的两大支柱,而技术与资源则是实现图书馆价值的物质基础。分析图书馆学提出的图书馆的分析定义"图书馆是具有服务功能和效用价值的大量有序信息的集合"则是兼顾图书馆本体论、认识论和价值论的一种图书馆定义。

图书馆价值的客观存在,决定了图书馆工作者的存在价值,也决定了图书馆工作的劳动价值,这就为图书馆工作的意义奠定了哲学基础。

图书馆本体论、认识论和价值论构成书理哲学的内核,这是一个由客观知识本体论或抽象信息本体论、社会经验或客观经验认识论、个体和群体二元价值论构成的能动的有机体系,由此,我们不仅知道了图书馆学是基于客观知识或抽象信息、以社会经验认识主导、知识价值与文化价值兼备的实证性学科,而且获得了构筑图书馆学的内在动力。这就是书理哲学的学理。

书理哲学不仅是体系化的“学理”，而且更重要的是活的“精神”，只有纯粹学理的书理哲学是死的哲学，唯有注入精神才能升华为活的哲学；学理只是书理哲学的躯体，精神才是书理哲学的灵魂。

按照科学精神和人文精神的分野，书理哲学的精神也可以分解为书理哲学的科学精神和书理哲学的人文精神，它们分别主要体现在内务工作和对外服务中。

科学精神的实质，就是实证观念（实事求是）、逻辑评判（有理有据）和求真趋向（追求真理）。书理哲学的科学精神，也就体现为实事求是、精益求精，静心思索、逻辑有序，探索进取、不断开拓，主要表现在内务工作中。

图书馆内务工作在很大程度上是靠科学精神推动的，良好的科学精神是促进图书馆内务工作健康发展、蓬勃向上的根本动力。

周庆山认为[9]：“我们不必急于创建一门图书馆哲学……图书馆哲学是一种科学精神、职业理想和学术境界，是我们不懈追求的目标。”这一观点也有利于建树书理哲学的科学精神。

人文精神的精华，就是人本观念、平等待人和推己及人，具有真、善、美的心灵追求和终极理想，重视身心自由、意志自律和人格平等。书理哲学的人文精神主要体现在平凡奉献、乐于助人，人人为我、我为人人，提升境界、完善自我等方面，主要表现在对外服务中。

在图书馆工作的仁人志士，服务于民众、服务于社会，应该具有良好的人文精神。图书馆对外服务在很大程度上是靠人文精神维系的，良好的人文精神不仅能增进图书馆与读者的友谊，而且能优化图书馆的形象、提升图书馆的亲和力，进而自然改善图书馆员的社会地位。

通过对书理哲学精神的体认，会对图书馆有所反思和感悟；这些反思和感悟，反过来又促进了书理哲学精神的凝练和升华。

蒋永福认为[10]：“哲学就是人们仰望星空或俯首沉思时，对天、对地、对人的一种感受与了悟”；“图书馆哲学就是图书馆人——图书馆工作者和研究者——在工作之余、茶余饭后，静静深思图书馆现象时所获得的一种思维深处的感悟与理解”，并提出[11]：“客观知识是图书馆学的逻辑起点，知识组织是图书馆学的逻辑中介，人是图书馆学的逻辑终点。”这正是对书理哲学人文精神的良好注解。

图书馆工作者应当弘扬书理哲学的科学精神与人文精神,自强不息,去开创图书馆事业光明的未来。

总而言之,书的价值在于使用,即价值用定。无论是在工作中思考书籍和图书馆的意义,还是在分析中获得书籍和图书馆的学识,都可以提炼书理哲学活的精神:一丝感悟,一点体会,处处可积累书理的知识;一次服务,一份奉献,事事能体现书理的价值。正是:一书一刊,皆含摄知识真理;一人一事,均蕴涵哲学智慧。这就是书理哲学的真谛。

书理哲学的学理与精神,是书理哲学智慧的集中体现。虽然我们在探讨书理哲学作为一个新的学术领域存在的可能,但更重要的却是见证一种精神,这就是图书馆工作者不断开拓进取、不断自我完善的精神,这本身就标志着图书馆学研究的活力。书理哲学不仅需要学理系统,也需要活的精神。

依照书理学"书-人-用"轴心逻辑,书理精神将自然推衍为"爱书、敬人、活用",这与"智慧与服务"之文华图专精神和程焕文倡导的"爱国、爱馆、爱书、爱人"之图书馆四爱精神[12]一脉相承,彰显着书理哲学智慧。

参考文献

[1]叶鹰. 图书馆哲学的学理与精神. 图书情报工作,2004,48(1):27-29,32

[2]波普尔,舒炜光等译. 客观知识. 上海译文出版社,1987:114-201

[3]徐引篪,霍国庆. 图书馆学研究对象的认识过程——兼论资源说. 中国图书馆学报, 1998,24(3):3-13

[4]谢拉著,张沙丽译. 图书馆学引论. 兰州:兰州大学出版社,1986:70-71

[5]谢拉. 图书馆学基本原理. 见袁咏秋,李家乔主编. 外国图书馆学名著选读. 北京:北京大学出版社,1988:300,302

[6]巴特勒. 图书馆学导论. 见袁咏秋,李家乔主编. 外国图书馆学名著选读. 北京:北京大学出版社,1988:348

[7]阮冈纳赞. 夏云等译. 图书馆学五定律. 北京:书目文献出版社,1988:308-337

[8]吕斌,李国秋. 关于"图书馆哲学"的思考. 图书与情报,1997(1):6-16

[9]周庆山. 关于图书馆哲学的思考. 图书情报工作,1997(11):6－8,63

[10]蒋永福. 图书馆哲学散思. 图书情报工作,1998(9):13－17

[11]蒋永福. 图书馆哲学是什么. 图书情报工作,2001(10):5－10

[12]程焕文. 图书馆精神. 北京:北京图书馆出版社,2007

An Initiatory Bookics

by Fred Y. Ye

Abstract

A library can be defined as a considerable aggregation of information entity in a well – organized order existing relatively in time and space can called knowledge sets, while a book consists of knowledge units. With applying analytical mathematical method to process knowledge measures and traditional and digital libraries, bookics, as analytical library science or knowledge research field, is suggested and set up.

At library level, bookics begins with abstract modeling: when "i" is used to represent input information and "I," as output information, and variable "i" is changed into "I" after the information flow and process through the library, an exterior library function "L" can be obtained

$$iL = I \tag{1}$$

or

$$L = I/i \tag{2}$$

Equation(1) can be re – written as the following function:

$$L = L\ (I, i) \tag{3}$$

Eq. (3) is an outside function on the library. On the other hand, from the inside of a library, its knowledge level (denoted by K) and technological level (denoted by T) determine its capacity of information processing, so that we can introduce its inner function "N" as follows

$$N = N\ (K, T) \tag{4}$$

When a library is in balance, equations (3) and (4) are combined to form the library's basic equation

$$N\ (K, T) = F\ [L\ (I, i)\ ] \tag{5}$$

or

$$L\ (I, i) = f\ [N\ (K, T)\ ] \tag{6}$$

Here, "F" and "f" represents the function relationship.

According to Eq. (2), when L is greater than 1, the library plays a role for increasing information. When L is less than 1, the information decreases suggesting libraries may have a blocking effect. When L is equal to 1, libraries neither augment nor obstruct the amount of information. Researchers in this field should try their best to maximize L, making $L > 1$ and avoiding $L < 1$. This is beginning of analytical library science.

At book level, the knowledge metrics issuggested to be the foundations of knowledge units and knowledge sets, for analyzing knowledge contents. Let's introduce a median variable i as physical information and J as subjective information, and set up the logic of quantitative DIKW chain: the objective data transfer into physical information (i) via natural transmission, so the i is checkable by physical instruments; the physical information (i) transfers into objective information (I) via social transmission, thus the I is acceptable by subject; the objective information (I) transforms into subjective information (J) via subject absorption, so that the I bears subject value judgement. Then the subjective information (J) transforms into knowledge (K) via structurization and systemization. The overall applications of knowledge become wisdom (W). This is a transmission chain from objective to subjective side. D and I belong to physical objective field, while K and W belong to cognitive subjective field. It is an objective process from D to I, while it is a subjective process from K to W. There is a key transformation between I and K, where the subjective value judgment is generated.

Referring to Shannon information theory, the physical information (i) is defined to be the logarithm of data (D) as

$$i = d\log D \tag{7}$$

in which d is the transformation coefficient from data to information.

From physical information (i) to objective information (I), a transmission channel is in need, where the information motion obeys the wave – heat equations. If there are information compression ratio p and lose ratio q in the transmission channel, there is I = pqi. Let pq = b, thus we have

$$I = bi \tag{8}$$

Transforming the objective information (I) to the subjective information (J) is a key. Following Brookes' information theory (Brookes, 1980 – 1981) and the principle of logarithmic perspective, with introducing value coefficient v ∈ [0, 1] (matching Rescher's model), it is derived as

$$J = \log I^v = v\log I \tag{9}$$

Since valuable information increases knowledge, the unit knowledge increment should be proportional to the subjective information, yielding

$$\frac{dK}{dI} = kJ = k\ln I^V \tag{10}$$

where k is knowledge transformation coefficient of information. Therefore, knowledge (K) should be the integral

$$K = k\int JdI = k\int v\ln IdI = kvI(\ln I - 1) + K_0 \tag{11}$$

in which K_0 is the integral constant, representing original knowledge.

This is just the Brookes' basic equation of information science

$$K = K_0 + \Delta K; \Delta K = kvI(\ln I - 1) \tag{12}$$

where ΔK = kv(lnI – 1) is the increment of knowledge. The process gives the mechanism of Brookes' equation.

As for the measurement units, since D uses bit and I does byte, it is suggested to apply 'kit' to be the unit of knowledge. When k = 1, it means that 1 byte information can be transferred into 1 kit knowledge.

When an intelligent agent (j) has its knowledge elements asa_{ik} ∈ [0,1], there are knowledge vectors

$$A_j = (a_{i1}, a_{i2}, a_{i3}, a_{i4}, a_{i5}, a_{i6}, a_{i7}, a_{i8} \ldots) \tag{13}$$

Defining its knowledge matrix as

$$K_j = A_j^T A_j = (r_{ik}) \tag{14}$$

where $r_{ik} = \sum_j a_{ij} a_{jk}$ are intelligent correlatives, the wisdom (W) can be measured by intelligent grade as the trace of knowledge matrix

$$W_j = tr(K_j) \tag{15}$$

Therefore, it can be seen that this is a feasible foundation for a unified quantitative model linking information to knowledge based on the logic chain data – information – knowledge – wisdom.

In conclusion, bookics provides a scientific scope of library science in both formal and content, as well as structure and function, with using analytical methodology and metrics. It is expected to contribute good effects and produce good results by introducing mathematical analysis into library science as if mathematical analysis was introduced into economics.

Contents

后 记

书理学是把数学分析引进图书馆学的自然成果，是经由纯粹抽象学理推出的图书馆学基础理论，著者希望若干年后人们会发现把数学分析引进图书馆学如同把数学分析引进经济学一样具有意义和价值（萨缪尔森开创的经济分析如今已被经济学界广为接受）。抽象而精确的数学分析不仅能科学化一门学科，而且能提升一门学科的品质。

一个学科的基础理论应既能解释学科知识积累，又能指导学科发展，以书理学作为图书馆学的理论内核可以阐释图书馆学的知识内容和研究方向，符合一门学科的基础理论应能逻辑地阐释该学科的知识内容和研究结构的特点，这正是本书的创意所在。

面对图书馆内古今中外藏书，人人可以感到知识的博大，当历代先辈把思想记录在书籍中传递给后人，走近书籍的人们应能感到些许庄严神圣。承载着先辈知识的书籍静静地存放在那里，读书人前往翻阅就像在和先辈对话交流，有时摸摸书籍封面也能感受灵明。然而这样的情感仅有价值论色彩，图书馆学发展至今缺乏的是知识论层面的理论分析方法。分类编目、主题标引等作为图书馆学的专业方法可对书籍进行有序组织，但却不能进行理论分析。系统地引进在自然科学和社会科学中业已成熟并普遍应用的数学分析方法，可望为书籍研究和图书馆学研究提供一种强有力的从形式到内容的分析方法。

而数学分析方法应用于研究对象的一般过程，首先就是建立并确认研究对象的抽象模型，抽象图书馆学的理念由此生成。

作为成熟而规范的数学分析方法，应用于图书馆学研究后可能成为理论分析的有力工具,从而为图书馆学研究注入方法论上的活力,经分析图书馆学而至书理学。

这样,经由抽象、分析达成的书理学倡导应用数学分析于图书馆学研究,明显的优点有:

(1)运用数学方法可以使图书馆学融入当今科学技术和社会科学研究的统一研究平台和主流话语体系,为图书馆学的发展奠定良好的学术基础;

(2)使用数学语言可以清晰地界定和量化问题,不仅能使图书馆学的分析、推理获得逻辑严谨性,而且可使原来定性主导的图书馆学逐步走上定量分析的科学之路;

(2)采用数学描述可以获得文字描述所不具备的精确性或准确性,便于推理,可以从整体上提高图书馆学研究的效率。

固然,数学分析方法应用于图书馆学研究绝非万能,其缺点表现在:

(1)图书馆不是数学模型或抽象概念的简单组合,数学分析不能穷尽和取代图书馆实践;

(2)数学分析方法不是研究图书馆学的唯一方法,也不一定是最佳方法。

作为一门科学,图书馆学确实需要明确自己的研究对象、内在规律和理论结构,数学分析方法是工具而不是目的,图书馆学并不会因为应用了数学而变得丑陋。正相反,没有任何一门现代意义的自然科学和社会科学能回避应用数学。因此,图书馆学作为一门"科学",迟早会走上"分析"的道路,抽象图书馆学和分析图书馆学不过是这一趋势的前奏而已。

数学方法是表达理论思想的工具而不是目的,在不同的逻辑前提和假设条件下可以得到不同的数学函数和方程,这应是运用数学方法的常识。

任何数学模型都是经抽象后建立起来的,就像物理学中引进现实世界并不存在的理想状态、经济学中引进现实经济生活中稀有的均衡一样,图书馆学的抽象模型及其平衡状态下的图书馆方程也是为理论分析而建立,并不等于现实图书馆工作,唯有根据分析结论对现实进行解释或还原时,才会表现出分析的意义和价值。

因此,书理学可为图书馆学开辟全新的前景:利用严谨的科学分析方法,建构严格的科学化图书馆学;当研究深入到书籍内容时,则需要建立在知识测度论基础上的科学分析。

作为一个在国内语境中发展出来的“本土”理论，书理学的十篇原始论文都是中文：

图书馆学基础理论的抽象建构　中国图书馆学报，1998，24(3)：86－88

抽象图书馆学的研究方法　中国图书馆学报，1999，25(3)：71－74

传统图书馆学的当代转换　中国图书馆学报，2000，26(2)：19－20，49

抽象图书馆学的分析化　中国图书馆学报，2002，28(6)：71－73

图书馆哲学的学理与精神　图书情报工作，2004，48(1)：27－29，32

图书馆学基础理论的分析表述及其逻辑结构　大学图书馆学报，2005，23(3)：6－10，26

科学化图书馆学及其问题建构　中国图书馆学报，2006，32(2)：15－18

书理学论纲　中国图书馆学报，2008，34(1)：22－26

图书情报学中定性和定量研究方法的科学哲学基础及双重整合原理探析　中国图书馆学报，2017，43(2)：4－12

文献分析对专业研究的启示概要　情报业务研究，1989，6(1)：14－17

这些论文的内容已整合进本书中。

正如物理学阐释物质世界的道理、心理学阐释精神世界的道理一样，书理学阐释知识世界的道理。作为图书馆学的理论内核或替代名称，书理学的成立也就从本质上证明了图书馆学的成立，这应是本著作的另一价值。

过去一直有人质疑图书馆学能否成为科学，究其原因，不外两点最为关键：一是学科名称：以图书馆命名一个学科总觉不妥，不能因机构的存在而称“学”，如医学不称医院学、法学不称法院学，连同类学科档案学也没有因档案馆的存在而称档案馆学；二是基础理论：如何通过一个稳定而简洁的理论内核把握这一学科的研究内容和研究方向。前一点即“正名”，后一点即“立论”。

正名者，确立正确的学科名称是也。用图书馆界定一门学科无论对学术理解还是学科建设均有负面影响，是否简单地像法学、医学那样不用法院学、医院学而用图书学即可呢，非矣：图书学只是图书馆学的一个子集。思考多年，难得佳解——书学二字原本可用，但是书法界已经使用在先：民国丛书中就有《书学概论》(陈康著)和《书学史》(祝嘉著)等；于是现在不少人简称图学，可是图学却早已在工程界通用——如有《图学》(马德润著,台湾三民书局,1985)、《图学基础教程》(谭建荣等编,高等教育出版社,1999)等。因此,目前较好的选择只有"书理学"(英文造新词 Bookics,类比物理学、心理学、生理学等)。这就是本书名称的由来。

立论者,确立基础理论是也。目前最大的问题是没有一个稳固而公认的基础理论内核,使得图书馆学总是追逐流行概念而立学,就像漂泊不定的航船找不到港湾:我们抛弃了"文献说",因为似乎古老而简陋;我们看好"交流说",可是转眼却成了热门学科传播学的领域;我们亲近"信息说"或"知识说",但信息或知识很快会被强势信息工程或知识工程淹没。本书通过抽象分析建立的"书 - 人 - 用"轴心说希望让"书理"稳固,兼以"资源 - 知识 - 服务"扩展,可望提供一个简洁稳定的基础理论内核。希望通过书理学这一基础理论,为图书馆学提供一个具有生成能力和发展动力的稳定理论内核,并能统一解释古今中外图书馆工作实践。

与已经发表的书理学系列论文确立的"书 - 人 - 用"轴心并以分析方法展开逻辑推演相比,本书扩展了内容分析,使书理学在形式与内容上获得统一。但终因积累有限,从知识内容、研究方法、抽象分析等角度对书理的建构研究尚属首次尝试,不足之处肯定不少,唯愿能起抛砖引玉功用。

面对流入图书馆的滚滚信息和无限知识,作为图书馆员和图书馆学人,自应有光荣使命感。图书馆保存着人类知识与文化的精华,图书馆员和图书馆学人作为人类文明的守护者,自应有独立自豪感。尤其是对年青一代和后学者,可借用梁启超《少年中国说》之语鼓励曰:建立在书理学基础上的二十一世纪图书馆学似"红日初升,其道大光;河出伏流,一泻汪洋。……前途似海,来日方长。"美哉!图书馆;壮哉,书理!新一代图书馆员和图书馆学人将如初升的太阳、满天的朝霞,照亮图书馆事业和书理学的未来!

附录:作者 1998 - 2018 主要论著目录

一、主要论文(* 通讯作者; + SSCI/SCI 收录, + + SSCI & SCI 收录)

Peer reviewed articles in scientometrics etc. :

Ye, F. Y. * & Bornmann, L. (2018). "Smart girls" versus "sleeping beauties" in the sciences: The identification of instant and delayed recognition by using the citation angle. *Journal of the Association for Information Science and Technology*, 69(3): 359 - 367 (+ +)

Zeng, C. J. , Qi, E. P. , Li, S. S. Stanley, H. E. * and Ye, F. Y. * (2017). Statistical Characteristics of Breakthrough Discoveries in Science Using the Metaphor of Black and White Swans. *Physica A*, 487: 40 - 46 (+)

Ye, F. Y. * , Bornmann, L. & Leydesdorff, L. (2017). h - based I3 - type multivariate vectors: multidimensional indicators of publication and citation scores. *COLLNET Journal of Scientometrics and Information Management*, 11(1), 153 - 171(+)

Ye, F. Y. (2016). Measuring Knowledge: A Quantitative Approach to Knowledge Theory. *International Journal of Data Science and Analysis*, 2(2), 32 - 35

Li, S. S. , Lin, X. Liu, X. & Ye, F. Y. * (2016). H - crystal as a core structure in multilayer weighted networks. *American Journal of Information Science and Computing Engineering*, 2(4): 29 - 44

Zhang, L. * , Glänzel, W. & Ye, F. Y. * (2016). The dynamic evolution of core documents: an experimental study based on h - related literature (2005 - 2013). *Scien-*

tometrics,106(1):369 – 381 (+ +)

Li, J. * & Ye, F. Y. * (2016). Distinguishing sleeping beauties in science. *Scientometrics*,108:821 – 828 (+ +)

Huang, M. – H., Chen, D. – Z. *, Shen, D., Wang, M. S. & Ye, F. Y. * (2015). Measuring technological performance of assignees using trace metrics in three fields. *Scientometrics*, 104(1):61 – 86 (+ +)

Ye, F. Y. * & Leydesdorff, L. (2014). The "Academic Trace" of the Performance Matrix: A Mathematical Synthesis of the h – Index and the Integrated Impact Indicator (I3). *Journal of the Association for Information Science and Technology*,65(4):742 – 750 (+ +)

Li, J.; Shi, D. B.; Zhao, S. X. & Ye, F. Y. * (2014). A study of the "heartbeat spectra" for "sleeping beauties". *Journal of Informetrics*,8(3):493 – 502 (+)

Ye, F. Y. (2014). A Progress on the Shifted Power Function for Modeling Informetric Laws. *Malaysian Journal of Library and Information Science*,19(1):1 – 15 (+)

Zhao, S. X.; Zhang, P. L.; Li, J.; Tan, A. M. & Ye, F. Y. * (2014). Abstracting Core Subnet of Weighted Networks Based on Link Strengths. *Journal of the Association for Information Science and Technology*,65(5):984 – 994 (+ +)

Ye, F. Y. and Rousseau, R. * (2013). Modelling continuous percentile rank scores and integrated impact indicators (I3). *Canadian Journal of Information and Library Science*,37(3):201 – 206 (+)

Ye, F. Y, Yu, S. S. and Leydesdorff, L. * (2013). The triple helix of university – industry – government relations at the country level and its dynamic evolution under the pressures of globalization. *Journal of the American Society for Information Science and Technology*,64(11):2317 – 2325 (+ +)

Zhao, S. X. & Ye, F. Y. * (2013). Power – law link strength distribution in paper co – citation networks. *Journal of the American Society for Information Science and Technology*,64(7):1480 – 1489 (+ +)

Chen, D – Z; Huang, M – H and Ye, F. Y. * (2013). A probe into dynamic measures for h – core and h – tail. *Journal of Informetrics*,7(1):129 – 137 (+)

Liu, J. Q. ; Rousseau, R. ; Wang, M. S. and Ye, F. Y. * (2013). Ratios of h – cores, h – tails and uncited sources in sets of scientific papers and technical patents. *Journal of Informetrics*, 7(1):190 – 197 (+)

Zhao, S. X. ; Tan, A. M. and Ye, F. Y. * (2012). Distributive h – indices for measuring multi – level impact. *Journal of the American Society for Information Science and Technology*, 63(10):2074 – 2086 (+ +)

Rousseaua, R. Liu, Y. and Ye, F. Y. * (2012). A preliminary investigation on diffusion through a layered system. *Journal of Informetrics*, 6(1):177 – 191 (+)

Li, J. and Ye, F. Y. * (2012). The phenomenon of all – elements – sleeping – beauties in scientific literature. *Scientometrics*, 92(3):795 – 799 (+ +)

Tan, A. M. ; Zhao, S. X. and Ye, F. Y. * (2012). Funds promote scientific output. *Current Science*, 102 (4):542 – 543

Zhao, S. X. and Ye, F. Y. * (2012). Exploring the directed h – degree in directed weighted networks. *Journal of Informetrics*, 6(4):619 – 634 (+)

Zhao, S. X. ; Rousseau, R. and Ye, F. Y. * (2011). h – Degree as a basic measure in weighted networks. *Journal of Informetrics*, 5(4):668 – 677 (+)

Ye, Fred Y. (2011). A theoretical approach to the unification of informetric models by wave – heat equations. *Journal of the American Society for Information Science and Technology*, 62(6):1208 – 1211 (+ +)

Ye, F. Y. (2011). A unification of three models for the h – index. *Journal of the American Society for Information Science and Technology*, 62(1):205 – 207 (+ +)

Ye, F. Y. ; Zhao, S. X. & Rousseau, R. (2011). An empirical relation between k – shells and the h – index in scale – free networks. *Malaysian Journal of Library & Information Science*, 16(3):9 – 16 (+)

Zhao, S. X. and Ye, F. Y. * (2011). h – Efficiency: measuring input – output performance of research funds. *Current Science*, 101:21 – 22

Ye, F. Y. (2010). National scientific fingerprint. *Current Science*, 99(12):1641 – 1642

Ye, F. Y. (2010). National academy contributions to national science: a data reflection. *Current Science*,98(4):469

Ye,F. Y. (2010). The two engines that drive science in China. *Current Science*,98(3):291

Ye,F. Y. and Rousseau,R. * (2010). Probing the h – core:an investigation of the tail – core ratio for rank distributions. *Scientometrics*,84(2):431 – 439 (+ +)

Ye,F. Y. (2009). Top universities lead scientific innovation. *Current Science*,97(6):744 – 745

Ye, F. Y. (2009). An investigation on mathematical models of the h – index. *Scientometrics*,81(2):493 – 498 (+ +)

Ye,F. Y. and Rousseau,R. * (2008). The power law model and total career h – index sequences. *Journal of Informetrics*,2(4):288 – 297 (+)

Rousseau,R. * and Fred Y. Ye. (2008). A proposal for a dynamic h – type index. *Journal of the American Society for Information Science and Technology*, 59(11):1853 – 1855(+ +)

Ye,F. Y. (2007). A Quantitative Relationship between Per Capita GDP and Scientometric Criteria. *Scientometrics*,71(3):407 – 413 (+ +)

Eldon,Fred Y. (2000). Triad Philosophy and Triad Science based on Triad Logic. *Journal of Zhejiang University (Science)*,1(4):467 – 475

Y. Ye. 基于图书馆的学习型社会和终身教育主动模式探讨. *Lifelong Education and Libraries (Japan)*,2005,0(5):55 – 58

叶鹰. 基于ISI – ESI引文数据的信息计量分析——中国引文数进入世界前5位的定量考察. 情报学报,2007,26(5):711 – 716

叶鹰. 智能信息分析的理论基础与技术模型. 情报学报,2005,24(2):233 – 236

叶鹰. 信息科技的形式本体论研究. 情报学报,2003,22(5):561 – 564

叶鹰. 分析信息学的理论基础. 情报学报,2000,19(4):380 – 384

叶鹰. 信息科技基础理论的分析建构. 情报学报,1999,18(2):160 – 166

叶鹰. 信息传播规律研究. 情报学报,1998,17(6):463 – 466

叶鹰. 高品质论文被引数据及其对学术评价的启示. 中国图书馆学报,

2010,36(1):100－103

叶鹰．图书情报学前沿研究领域选评．中国图书馆学报,2008,34(4):63－70

叶鹰．书理学论纲．中国图书馆学报,2008,34(1):22－26

叶鹰．科学化图书馆学及其问题建构．中国图书馆学报,2006,32(2):15－18

叶鹰．抽象图书馆学的分析化．中国图书馆学报,2002,28(6):71－73

叶鹰．传统图书馆学的当代转换．中国图书馆学报,2000,26(2):19－20,49

叶鹰．抽象图书馆学的研究方法．中国图书馆学报,1999,25(3):71－74

叶鹰．图书馆学基础理论的抽象建构．中国图书馆学报,1998,24(3):86－88

叶鹰．h 指数和类 h 指数的机理分析与实证研究导引．大学图书馆学报,2007,25(5):2－5

叶鹰等．基于 DSpace 的 Lib2.0. 大学图书馆学报,2006,24(3):2－5(1/2)

叶鹰．图书情报一体化的理论基础探讨．图书情报工作,2006,50(4):

叶鹰．图书馆学基础理论的分析表述及其逻辑结构 大学图书馆学报,2005,23(3):6－10,26

叶鹰．图书馆哲学的学理与精神．图书情报工作,2004,48(1):27－29,32

叶鹰．试论情报学的三大重点研究领域．图书情报知识,2003(6):2－5

叶鹰．美国一流大学及其图书馆调研报告．大学图书馆学报,2002,20(3):5－8

叶鹰．图书馆网络系统建设与集成系统选择 大学图书馆学报,1998,16(2):34－37

叶鹰等．科技类诺贝尔奖定性聚类分析 科学学与科学技术管理,2005,26(2):17－20(1/2)

叶鹰等．科学学的基本规律探讨．科学学研究,2000,18(2):16－18(1/2)

叶鹰．C 理论及其在科研管理中的应用．科研管理,1997,18(3):71－73

叶鹰．一种学术排序新指数——f 指数探析．情报科学,2009,28(1):142－149

叶鹰. 智能信息处理的基础理论探讨. 情报科学,2008,26(9):1281 - 1285,1291

叶鹰. 文献增长律与老化律研究. 情报科学,1985,6(4):30 - 34

叶鹰. 文献分析对专业研究的启示概要. 情报业务研究,1989,6(1):14 - 17

叶鹰. 信息吸收论纲. 情报业务研究, 1989,6(4):279 - 280

叶鹰. 图书馆学与情报学的方法理论探讨. 情报业务研究,1988,5(4):275 - 277

叶鹰. 信息生产论纲. 情报业务研究, 1988,5(2):81 - 83

叶鹰. 论文献规律. 情报业务研究,1987,4(4):289 - 295

叶鹰. 论情报学的实践基础和理论建设. 情报业务研究,1987,4(3):199 - 202

叶鹰. 分类法新探和简易组配分类表. 图书馆理论与实践,1986,0(2):13 - 16,36

Peer reviewed articles in physics:

Li,S. S. ,Ye,A. Y. ,Qi,E. P. Stanley,H. E. * and Ye,F. Y. * (2018). Characterizing core - periphery structure of complex network by h - core and fingerprint curve. *Physica A*,492:1206 - 1215 (+)

Ye, F. Y. (2017). A Vortex Formulation of Quantum Physics Setting Discrete Quantum States into Continuous Space - time. *International Journal of Natural Science and Reviews*,1,4:0001 - 0013

Ye,F. Y. (2015). The physical linked - measure works as vortex with linking to turbulence. *Physical Journal*,1(3),209 - 215

Ye,F. Y. (2015). The linked - measure and linked - field for linking micro - particles to macro - cosmos with dispelling dark matter and dark energy. *Physical Journal*, 1(2),89 - 96

Ye,F. Y. (2015). The Clifford - Finslerian linked - field leads branching multiverse. *Physical Journal*,1(3),375 - 381

Ye,F. Y. (2013). Curvature mass inside hadrons:Linking gravity to QCD. *Natural Science*,5(2):182 - 186

Ye, F. Y. (2013). Branching dynamics: A Theoretical Interpretation of Natural Phenomena. *International Journal of Modern Nonlinear Theory and Application*, 2, 74 – 77

Ye, F. Y. (2009). A Clifford – Finslerian physical unification and fractal dynamics. *Chaos, Solitons and Fractals*, 41(5): 2301 – 2305

Ye, F. Y. (2009). Fromchaos to unification: U theory vs. M theory. *Chaos, Solitons and Fractals*, 42(1): 89 – 93

Peer reviewed articles in economics:

Ye, F. Y. (2017). A cubic integrated economic model for macroeconomic analysis. *Euro – Asian Journal of Economics and Finance*, 5(1): 1 – 10

Ye, F. Y. (2015). A synthetic macro – economic model integrating interest, exchange and tax rates. *Euro – Asian Journal of Economics and Finance*, 3(4): 217 – 226

Ye, F. Y. (2015). Complex economic metrics linking to scaling money supply. *Euro – Asian Journal of Economics and Finance*, 3(3): 188 – 194

Ye, F. Y. (2015). Economic complex analysis for approaching economic equilibrium and economic stability. *Euro – Asian Journal of Economics and Finance*, 3(3): 133 – 138

Ye, F. Y. (2015). Thecommodity – money analytical framework: A unified approach to micro – macro – economics and complex economics. *Euro – Asian Journal of Economics and Finance*, 3(1): 44 – 52

Ye, F. Y. (2015). A probe into the unification of micro – macro – economics: Arrow – Debreu – Mundell – Fleming model as a standard model. *Euro – Asian Journal of Economics and Finance*, 3(1): 1 – 8

二、主要著作

1. 文集:Scientific Metrics: towards analytical and quantitative sciences. Springer & Science Press, 2017

2. 文集:《科学化图书情报学探索》,国家图书馆出版社,2010

3. 专著:《h 指数和 h 型指数研究》,科学出版社,2011(1/3)

4. 专著:《易玄虚研究》,上海古籍出版社,2005

5. 编著:《中外经典导读与欣赏》,浙江大学出版社,2009

6. 编著:《Internet 实用操作指南》,中山大学出版社,1996(1/2)

7. 主编:《情报学基础教程》(十一五国家规划教材),科学出版社,2006,2018(第3版)

8. 主编:《信息检索:理论与方法》(21 世纪课程教材)高等教育出版社,2015